ଶ୍ରୀରାଧା

ଶ୍ରୀରାଧା

ରମାକାନ୍ତ ରଥ

2019

BLACK EAGLE BOOKS

7464 Wisdom Lane
Dublin, OH 43016
E-mail: info@blackeaglebooks.org
Website: www.blackeaglebooks.org

First International Edition published by
BLACK EAGLE BOOKS, 2019

Sriradha
by Ramakanta Rath

Copyright © **Ramakanta Rath**

All rights reserved. No part of this publication may be reproduced, stored in a retrieval system, or transmitted, in any form or by any means, electronic, mechanical, photocopying, recording or otherwise without the prior permission of the publisher.

Cover & Interior Design: Ezy's Publication

ISBN- 978-1-64560-028-2 (Paperback)

Printed in United States of America

୧

ଅନ୍ୟ ସବୁ ସକାଳଠୁଁ ଆଜିର ସକାଳ
କାହିଁକି କେଜାଣି ଲାଗେ ଅଲଗା ଅଲଗା ।
ଖରାରେ କି ଦୁଃସାହସ। ଆଜି ପବନରେ
ଅନ୍ୟମନସ୍କତା ଯାହା ନୁହେଁ ଆଗପରି ।
ସତେବା ଫେରିଛି କେଉଁ ଦେଶାନ୍ତରୀ ପ୍ରେମିକ, ରହୁଛି
ଆଖପାଖ କେଉଁଠାରେ ଛଦ୍ମବେଶ ଧରି ।

କି ବର୍ଷା! କି ଭୟଙ୍କର ଘଡ଼ଘଡ଼ି କାଲି
ରାତିସାରା । ପର୍ବତାକାରରେ
ପତ୍ର ଫୁଲ ଝଡ଼ିଗଲେ, ମୁଁ ନିଜକୁ ନିଜେ
ପ୍ରାଣପଣେ ଜାକି ଦେଲି, କାଲେ ବିଜୁଳିର
ଝଲମଲ ଡାକ ବାଜିଯିବ ମୋ' କାନରେ ।

ନିଜର ନିଃଶବ୍ଦ କିୟା। ଅର୍ଥହୀନ ଶବ୍ଦମାନଙ୍କର
ସାମ୍ରାଜ୍ୟର ଶେଷ ମୁହୂର୍ତ୍ତରେ
କାଲିର ଅନ୍ଧାର ଯଦି ରକ୍ତସ୍ନାନ ହୋଇ ଯୁଡ଼ିଥିବ,
ତା'ର ଯାହା ନାମ ମାତ୍ର ସ୍ମୃତି ଅଛି ତାହା
କେତେବେଳ ନ ଲିଭି ରହିବ ?

ଆଜିର ସକାଳ କହେ ନେଇଯିବ ମୋର
ଚେତନା ଚୈତନ୍ୟ ଜନ୍ମଜନ୍ମାନ୍ତର ପାଇଁ ।
ସେ ଯେଉଁ ଭାବରେ କହେ ମୁଁ ପୁନରାବୃତ୍ତି
କରିବାକୁ ଭାଷା ପାଉ ନାହିଁ ।
କିନ୍ତୁ ଏବେ ଦିଶିଲାଣି ଅଲଗା ଅଲଗା
ନଈ, ନଈ ସେପାରିର ବଣ,
କେତେଦିନ ଯାଏଁ ଆଉ ନ ବଦଳିଥିବ
ମୋ ପାଣ୍ଠୁର ଗଗନପବନ ?

ଆଗରୁ କେବେ ତ ଛାତି
ଆଜି ପରି ଧପ୍ ଧପ୍ ହେଉ ନଥିଲା, ମୁଁ
କ'ଣ ଜାଣେ, ମୋ ଜୀବନକାଳ
ବା ଯମୁନା ଯିବା ବାଟ ମୋଡ଼ାଣିରେ ଥିବ
କି ହୀନସ୍ତା ଯୋଗ, କିମ୍ବା ଅନ୍ୟ ସବୁ ସମ୍ଭବ ଉଜାଡ଼ି
ହେଲା ଭଳି ସମ୍ଭବ ମୋ ଜରାମୃତ୍ୟୁ ବ୍ୟାଧି ଇତ୍ୟାଦିର
ବାଟ ହସି ହସି ଆଗୁଳିବ ।

୨

ତମେ ଆସିଅଛ ବୋଲି ଶୁଣିଲା ବେଳକୁ
ଦିନ ବେଶ୍ ହୋଇଯାଇଥିଲା ।

ଗାଇଗୋରୁ କେତେବେଳୁଁ ଫିଟି ସାରିଥିଲେ ।
ଅଧିକାଂଶ ପୁରୁଷ କାମକୁ
ଯାଇସାରିଥିଲେ, ସ୍ତ୍ରୀଲୋକେ ପ୍ରସ୍ତୁତ
ହେଉଥିଲେ ଗାଧୋଇ ଯିବାକୁ ।
କାହିଁକି କେଜାଣି କିନ୍ତୁ ଖୁବ୍ ଚୁପଚାପ୍
ଥିଲେ ସବୁ ପୁରୁଷଲୋକ ଓ
ସ୍ତ୍ରୀଲୋକେ ଅଯଥା ଡେରି ଡେରି କରୁଥିଲେ;
ସତେ କି ସେମାନେ ତାଙ୍କ ଦେହ ଭିତରକୁ
ବାତ ହୁଡ଼ି ପଶି ଆସିଥିଲେ;
ବାତ ହୁଡ଼ିଗଲେ ବୋଲି ବୁଝିବା ଉଭାରେ
କିପରି ଚଳିବେ ବୋଲି ଧନ୍ଦି ହେଉଥିଲେ;

ସତେକି ସେମାନେ ତମ ଆସିବା ଖବର
ଶୁଣିବାର ବହୁ ଆଗୁଁ ଆପଣାର ଅଜ୍ଞାତସାରରେ
ତମେ ଆସିଅଛ ବୋଲି ଜାଣି ସାରିଥିଲେ ।

ସେଦିନ ସକାଳେ ସବୁ-ନଈ ଆଉ ନଇକୂଳ ବାଲି,
ଗଛପତ୍ର, ପାହାଡ, ଆକାଶ
ଅଲଗା ଦିଶିଲେ, ସତେକି ସେମାନେ
ଅବସ୍ଥିତ କେଉଁ ଏକ ଭବିଷ୍ୟତ କାଳେ
ଯେଉଁଠାରେ ଝୁଣ୍ଟି ଝୁଣ୍ଟି ଚାଲିବାର କ୍ଳେଶ ସରିଯାଏ,
ଯେଉଁଠାରେ ବିଶ୍ରାମର, ପୁନର୍ମିଳନର
ଆଲୋକିତ ସୁଖ ରହିଥାଏ ।

ସେଦିନ ସକାଳେ, ମୁଁ ନଈରେ ଗାଧୋଇବା ବେଳେ
ପାଣିରେ ଦେଖିଲି ମୋର ଗୋଡକୁ, ଲାଗିଲା
ଏ ଗୋଡ ତ ମୋର ନୁହେଁ, କିଛି ମୋର ନୁହେଁ,
ଏ ଶରୀର ମୋର ନୁହେଁ, ମୋର ସବୁ ଆଶା ହତାଶାର
ଇତିହାସ ମୋର ନୁହେଁ, ସ୍ୱାମୀ ଘରଦ୍ୱାର,
ପଲପଲ ଗାଈଗୋରୁ କିଛି ବୋଲି କିଛି ନୁହେଁ ମୋର,
ଏ ବଞ୍ଚିବା ମୋର ନୁହେଁ, ଯେଉଁ ମୃତ୍ୟୁ ଦିନେ
ଅବଶ୍ୟ ଆସିବ ସେ ମୃତ୍ୟୁ ବି ନୁହେଁ।
ମୁଁ ସର୍ବଦା କାଙ୍ଗାଳୁଣୀ, ଅନ୍ତରୀକ୍ଷ ଯାଏଁ
ପ୍ରସାରିତ ମୋର ଦୁଇ ସୀମାହୀନ ବାହୁଙ୍କ ଭିତରେ
ମୁଁ ଉଦଗ୍ରୀବ ଶୂନ୍ୟସ୍ଥାନଟିଏ ।
ଖାଲି ଶୂନ୍ୟସ୍ଥାନଟିଏ ହୋଇ ରହିଯିବା
କାହା କାହା କପାଳେ ତ ଥାଏ ।

୩

କେତେଯେ ଘାତକ ଆସିଗଲେ କେତେ ଛଦ୍ମବେଶେ କିମ୍ବା
କେତେବିଧ ଅସ୍ତ୍ର ଧରି ତମ ପାଟି ଫିଟିବା ପୂର୍ବରୁ
ସବୁଦିନ ଲାଠି ତାକୁ ବନ୍ଦ କରିବାକୁ ।
ଛୁଆଟିଏ ଯଦି କାନ୍ଦେ ତା' ହେଲେ କାହିଁକି
ନିଦ ହୁଏ ନାହିଁ ବହୁ ଦୂରବର୍ତ୍ତୀ ସମ୍ରାଟମାନଙ୍କୁ ?

ସେମାନେ ଆସିଲେ ପ୍ରାୟ ପ୍ରତିଦିନ, ଯେତେ ଯେତେଥର
ଆସୁଥିଲେ ସେତେଥର ହଠାତ୍ ପବନ
ରୁନ୍ଧିହୋଇ ଯାଉଥିଲା ଗଛପତ୍ର ଦୋହଲୁ ନଥିଲେ,
ଦିନବେଳ ଖାଁ ଖାଁ ଲାଗୁଥିଲା, ଉଡ଼ିଯାଉଥିବା
ଚଢ଼େଇ ହଠାତ୍ ମରି ଖସି ପଡ଼ୁଥିଲେ,
ସେତେଥର ଛନଛନ କିଆରୀ ଜାଗାରେ
ମରୁଭୂମି ଦିଶୁଥିଲା, ହୃଦୟ ଭିତରେ
ଆଉ ଅଳ୍ପ ବାକି ଥିବା ଆଶା ସରିସରି ଆସୁଥିଲା,
ଚମତ୍କାର ଘଟଣାଙ୍କ ବିବରଣୀ ବିପର୍ଯ୍ୟସ୍ତ ହୋଇଯିବା ପରେ
କାଁ ଭାଁ ଶବ୍ଦଟିଏ କଣ୍ଠନଳୀ ବାଟେ ଯାଉଥିଲା ।

ଆଖିକୁ ନଦିଶୁଥିବା ବସ୍ତୁଙ୍କ ବର୍ଣ୍ଣନା
କରୁଥିବା ଶବ୍ଦମାନ ଆମେ ଭୁଲିଯାଇ ସାରିଥିଲୁ
ଏପରିକି ଦିଶୁଥିବା ବସ୍ତୁମାନେ କଥା କହିବାକୁ
ସଜବାଜ ହେଲାବେଳେ ଆଉ ଶବ୍ଦ ପାଇଟ୍ ନଥିଲା
ସେମାନଙ୍କୁ ଉତ୍ତର ଦେବାକୁ ।

ଆମେ କ'ଣ ଜାଣିଥିଲୁ ଏତେ କଥା କହିବାକୁ ଅଛି,
ରାତିର ସୁଗନ୍ଧ ଅଛି, ତାରାମାନେ ଏତେ ଏକୁଟିଆ ?
ଆମେ କ'ଣ ଜାଣିଥିଲୁ ମୟୂର ମନରେ
ଏତେ ଦୁଃଖ ଅଛି ବୋଲି, ରାସକ୍ରୀଡ଼ା ପାଇଁ
ଏତେ ଜାଗା ଅଛି ବୋଲି ନଈକୂଳେ ଓ ନିଜ ଭିତରେ ?

ସେ ସବୁ ଲୋହିତ ଚକ୍ଷୁ ଘାତକମାନଙ୍କୁ
ଜଣେ ପରେ ଜଣେ ହୋଇ ଆସିବା ଦେଖିଲୁ,
ଓ ସେମାନେ ଯେତେବେଳେ ଜଣେ ପରେ ଜଣେ ହୋଇ ମଲେ
ତମେ ପହଞ୍ଚିବା ଆଗୁଁ ଆମେ ଭୁଲିଯାଇ ସାରିଥିବା
ଶବ୍ଦମାନେ କ୍ରମେ କ୍ରମେ ମନେ ପଡୁଥିଲେ ।

୪

ତମ ନାଆଁ ସବୁବେଳେ
ସେମାନଙ୍କ ଡୁଣ୍ଡରେ, ତମେ ତ
ରକ୍ଷାକଲ ସେମାନଙ୍କ ନଗରକୁ ଯେତେବେଳେ ଚିହ୍ନବର୍ଣ୍ଣ ତାର
ଭାସି ଚାଲିଯାଇଥାନ୍ତା ବର୍ଷାରେ ନଈକୁ,
ସେ ନଈରୁ ଅନ୍ୟ ଏକ ନଈକୁ, ତା'ପରେ ସମୁଦ୍ରକୁ ।
ସେମାନଙ୍କ ଗାଈଗୋରୁ ଆଜିକାଲି ନିର୍ବିଘ୍ନରେ ଚରି
ବେଳବୁଡେ ଫେରି ଆସିଛନ୍ତି ଗୁହାଳକୁ ।
ବାଳକବାଳିକାମାନେ ନିର୍ଭୟରେ ପହଁରନ୍ତି ପୋଖରୀରେ ଏବଂ
ଜଙ୍ଗଲକୁ ଯାଉଛନ୍ତି ବଣଭୋଜି କରି,
ମୂକ ଲୋକଙ୍କର ପାଟି ଫିଟିଲାଣି, କଦବା କେମିତି
ପଙ୍ଗୁମାନେ ଲଂଘିଲେଣି ଗିରି ।
ପଳପଳ ଅସୁରଙ୍କ ଛାଇ ପଡ଼ି ଆଉ
ଅନ୍ଧାର ଯାଉନି ଘୋଟି ଦିନ ଦି'ପହରେ,
ଏଣିକି କିଏ ସେ ମଲେ ପୂର୍ବପରି ଆଉ
ଶୋକ ବା ଆଶ୍ଚର୍ଯ୍ୟଭାବ ନାହିଁ, ବନ୍ଧୁକୁଟୁମ୍ୟ ତ
ଦେଖୁଛନ୍ତି ମଲାଲୋକ ବର୍ଷ ବର୍ଷ ଧରି
ଠିଆ ହୋଇ ରହିଥିଲା ଜୀବନ ବାହାରେ ।

ମୁଁ କିନ୍ତୁ ତମର ନାଁଇ ଉଚ୍ଚାରଣ କରି ବସିଲେ ହିଁ
କାହିଁକି ହଠାତ୍ ମୋର ଜିଭ ଶୁଖିଯାଏ ?
ଗାଈଗୋରୁ ପିଲାଛୁଆ ଇତ୍ୟାଦିରେ ମୋର
ଆଗ୍ରହ ବଢ଼ିଲା ନାହିଁ କାହିଁକି ଏ ଯାଏଁ ?
କାଳକାଳ ଏ ନଗର ନ ଭାଙ୍ଗି କାହିଁକି
ରହିଥିବ ? ଆଜିକାଲି କଥା କହୁଥିବା,
ଚାଲବୁଲ କରୁଥିବା ଦିନେ ମୂକ ପଙ୍ଗୁ ଲୋକଙ୍କର
ସମଗ୍ର ଅତୀତ କିଏ ନିଷିଦ୍ଧ କରିବ ?
ଜନ୍ମ ହୋଇ ନଥିବା ବା ବହୁଦିନୁଁ ମରି ସାରିଥିବା
ଲୋକଙ୍କ ଆଖିରୁ କିଏ ଲୁହ ପୋଛିଦେବ ?

ଏପରି ନାନାଦି ପ୍ରଶ୍ନ
ନିଜକୁ ପଚାରେ ନିଜେ ମୁଁ ଅଜ୍ଞାନୀ ନାରୀ ।
ଚାହିଁବସେ, ତମ ପାଖେ କୃତକୃତ୍ୟ ଲୋକମାନଙ୍କର
ଶୋଭାଯାତ୍ରା ଚାଲିଗଲେ କେଉଁ ବୁଦା ଉହାଡ଼ୁ ବାହାରି
ତମେ ଆସି ଠିଆହେବ ମୋ ପଛରେ, ମୋ କାନରେ ଖାଲି ମୋ କାନରେ
କହିଦେବ ସବୁର ଉତ୍ତର,
ଏପରି ଅଚିନ୍ତନୀୟ ଯୁଗଯୁଗବ୍ୟାପୀ ଶଠଟିଏ
ଯାହା ଶୁଣୁଶୁଣୁ ବେଳ ଗଡ଼ିଯିବ ସବୁ
ସଂଶୟର, ପୁଣି ଏକ ପ୍ରଶ୍ନ ପାଇଁ ବାକ୍ୟ ଗଠନର ।

୫

ସଭିଐଁ ଶୁଣିଲେ ତମ ବଂଶୀସ୍ୱର, ସଭିଐଁ ଭାବିଲେ
ତମେ ତାଙ୍କୁ ଡାକ ନାଆଁ ଧରି,
ସଭିଐଁ ପିନ୍ଧିଲେ ନିଜ ଚାହିଦାର ଆୟଅଳଙ୍କାର
ଝଲମଲ୍ ପାଟପିତାମ୍ବରୀ,
ଗଭାରେ ଖଞ୍ଜିଲେ ଫୁଲ, କପାଲେ ଛାତିରେ
ଚନ୍ଦନରେ କେତେ ଚିତ୍ର କଲେ,
ଆଖିରେ କଜ୍ଜଳ ପିନ୍ଧି ଦେହ ମହକାଇ
ନିଜର ଆକାର ସବୁ ନିରାକାର ନାଗର ତମର
ନିକାଞ୍ଚନ କୋଳେ ସମର୍ପିଲେ।

ତମର ଚେହେରା ନାହିଁ, ତମେ ରାତିପରି
ଲିଭାଇଛ ସବୁ ବାଟ ଯିବା ଆସିବାର।
ମୋ ଛଡ଼ା କିଏସେ ବୁଝେ ତମେ କି ଅଧୈର୍ଯ୍ୟ,
ତମେ ପୁଣି କେଡେ ଶୋକାତୁର ?
ସାଙ୍ଗରେ ନ ଆଣି କିଛି ମୁଁ ଆସିଛି, ତେଣୁ
ତମକୁ ଛୁଇଁବି ନାହିଁ କି ଦେଖିବି ନାହିଁ,
ମୁଁ ଜାଣିପାରିବି ନାହିଁ କେଉଁମାନେ ଶୋଇ ସାରିଲେଣି
କେଉଁମାନେ ରହିଛନ୍ତି ଚାହିଁ ।

ତମେ ଯେବେ ବନ୍ଦ କର ବଂଶୀ ବଜାଇବା
ତମ କଣ୍ଠ ବାଷ୍ପରୁଦ୍ଧ ହୋଇଯିବା ପରେ
ଶୁଦ୍ଧ ନିଃଶବ୍ଦତା ପରି ପ୍ରତ୍ୟେକ ଥର ମୁଁ
ଆସେ ତମ ନିଃଶବ୍ଦ ଡାକରେ ।

ମୁଁ ଜାଣେ ଫେରିବି ଆଜି ରାତି ସରିଗଲେ
ପୁଣି ମୋ ଘରକୁ ଆଉ ପୁଣି ମୋ ମୃତ୍ୟୁକୁ,
ମୁଁ କିନ୍ତୁ ଆସିବି କାଲି ରାତିରେ ତା'ପରେ
ପ୍ରତ୍ୟେକ ରାତିରେ ଫେରି ତମରି ପାଖକୁ,
ଆସୁଥିବି ଯେ ପର୍ଯ୍ୟନ୍ତ ମୋ ବିବସ୍ତ୍ର ଦେହ
ଆଉଜାଇ ନେଇନାହିଁ ମୋ ଜୀବନକାଳ
ଓ ତମ ଜୀବନକାଳ ଅନ୍ତ ହେବା ପରେ,
ଯେ ପର୍ଯ୍ୟନ୍ତ ମୁଁ ନିଷ୍ଠିହ୍ନ ହୋଇ ଯାଇନାହିଁ
ପୂରାପୂରି ତମ ଶୂନ୍ୟତାରେ ।

୬

ତମେ ମତେ ଯେଉଁଠାର ପ୍ରଥମେ ଛୁଇଁଲ

ମୋ ଭିତରେ ରହିଥିବା ସବୁ ଶୂନ୍ୟସ୍ଥାନ
ହଠାତ୍ ମୁଖର ହେଲା, ପ୍ରତ୍ୟେକ ଦିଗରୁ
ତମେ ମତେ ଡାକୁଥିବା ପରି ଜଣାଗଲା
ମୁଁ ଯାହା ହୁଅନ୍ତି ତାର ଆକାଙ୍କ୍ଷା ଭିତରୁ ।

ସେ ଡାକରେ ଉଚ୍ଚାରଣ ନଥିଲା, ପଦେ ବି
କଥା ତମେ କହିନ, ଅଥଚ
ମତେ ଲାଗିଲା ଯେ ସପ୍ତସିନ୍ଧୁଙ୍କ ଗର୍ଜନ
ଅପେକ୍ଷା ପ୍ରବଳତର ସ୍ୱରରେ ଡାକୁଛ,
ବାରମ୍ବାର ବଜ୍ରପାତ ବାରମ୍ବାର ଭୂକମ୍ପରେ ତମେ
ଧୂଳିସାତ୍ କରି ମୋର ସଯତ୍ନନିର୍ମିତ
ରୂପ ରୂପାନ୍ତରମାନ ମୁଁ ଯାହା ହୁଅନ୍ତି
ନିର୍ଭୟରେ ତାହା ହୋଇ ଯିବାକୁ କହୁଛ ।

ସେତେବେଳେ ମୁଁ ନିଜର ନାନାବିଧ ଭୂମିକାମାନଙ୍କ
ଆଢୁଆଳେ ଲୁଚିଗଲି, ସେମାନଙ୍କ ବକ୍ତବ୍ୟ ସବୁକୁ
ମୁଁ ନିଜେ ବିଶ୍ୱାସ କଲାଭଳି କହିଗଲି,
ଦହି ଦୁଧ ବିକିବାର ହିସାବ ଓ କ୍ଷୁଦ୍ରାଦପିକ୍ଷୁଦ୍ର
ଦ୍ୱିଧାମାନ, ଅଭିଳାଷମାନ
ମୁଖସ୍ଥ ସଂଳାପ ପରି ବଖାଣି ବସିଲି ।

ସେତେବେଳେ ଲାଗୁଥିଲା ଏଇ ସତ, ମୋର
ସୀମାବଦ୍ଧ ଜୀବଦଶା, ତା ଭିତରେ ଆହୁରି ସୀମିତ
ମୋଟାମୋଟି ନିରୁଭାପ ଏ ଯୌବନ, ଦିନେ
ଭୁଲିଯିବି ତମେ ମତେ ଛୁଇଁବା ମୁହୂର୍ତ୍ତ,
ଆଖିରେ ଆଖିଏ ନିରୁଦ୍‌ବିଗ୍ନ ଦୃଷ୍ଟି ଧରି
ଆଗଭଳି ଦେଖୁଥିବି କଦମ୍ବ ଗଛରେ
ଫୁଲ ଫୁଟେ ଓ ମଉଳେ, ଝଲମଲ ଦିଶେ
ନଇପାଣି ଚନ୍ଦ୍ରକିରଣରେ ।

ତଥାପି ମୁଁ ଜାଣିଥିଲି
ପ୍ରଥମେ ଛୁଇଁଲ ତମେ ମତେ ଯେଉଁଠାର
ଆଜି ହେଉ କାଲି ହେଉ ଦିନେ ନା ଦିନେ ମୁଁ
ତମକୁ ଅବଶ୍ୟ ଦେବି ମୋର ଅଙ୍ଗୀକାର,
ଚୁପ୍ ହୋଇଯିବି, ମୁଁ ଯାହା ହୁଅନ୍ତି
ତାହା ହୋଇଯିବି ମାତ୍ର ରାତିକ ଭିତରେ,
ତମକୁ ମୁଁ କାଳକାଳ ଜାକି ଧରିଥିବି
ବିବସନ ଅନ୍ତଃକରଣରେ ।

୧

ତମକୁ ପ୍ରଥମ ଥର ଛୁଇଁବାକୁ ଗଲାବେଳେ ମୋର
ହାତ ହଠାତ୍ ରହିଗଲା, ଚାରିଆଡ଼ ଅନ୍ଧାର ଦିଶିଲା
ତମେ ବି ଦିଶିଲ ନାହିଁ, କିଛି ବୋଲି କିଛି
ଭାବିବାର ସାମର୍ଥ୍ୟ ନଥିଲା।
ତମକୁ ଛୁଇଁବି କିୟା ନ ଛୁଇଁ ପଛକୁ
ଘୁଞ୍ଚିଯିବି ଭାବିବା ଆଗରୁ
ମୁଁ ଅଣନିଃଶ୍ୱାସୀ ହୋଇ ପଡ଼ିଲି ସତେକି
ଯମୁନା ଆସୁଛି ମାଡ଼ି ଆଗରୁ ପଛରୁ,
ସତେ କି ପବନ ଆଉ ସଚରାଚରରେ
ନାହିଁ, ସତେ କି ମୁଁ ଯେତେଦିନ ଥିବି
ମୋର ସ୍ୱପ୍ନମାନେ ସତ୍ୟ ହେବା ଆଶଙ୍କାରେ
ନିତି ଆତଙ୍କିତ ହେଉଥିବି ।

ତମକୁ ଛୁଇଁଲେ ତମେ
ମିଶିଯିବ ମୋ ରକ୍ତ ଭିତରେ,
ଆଉ କ'ଣ ଆଗପରି ବଇଁଶୀ ଖଣ୍ଡିଏ
ଧରି ଚାଲୁଥିବ ପ୍ରତିଦିନ ମୋ ପଛରେ ?
ଆଉ କ'ଣ ଲୁଚିଲୁଚି ଚାହୁଁଥିବ ଯେବେ
ଓଦାଲୁଗା ପିନ୍ଧିଥିବି ଗାଧୋଇବା ପରେ ?
ନାଁ ମତେ ଭୁଲାଇ ଦେବ ମୋ ରକ୍ତମାଂସର
ଶେଷ ପରଣତି ତମ ବାଙ୍କଚାହାଁଣିରେ ?

କେଉଁଠି ନଥିବ ତମେ । ମୋର ଓଦା ଲୁଗା
ଯେଉଁ ପବନରେ ଶୁଖେ ସେ ପବନ ମୋର
ଦେହକୁ ଶୁଖାଇ ଜାଳି ଦେଇ ଯାଇଥିବ ।
ମୁଁ ତ ଶୁଣିବାକୁ ଥିବି ପ୍ରସ୍ତୁତ, ତଥାପି
ନଇଁ ନିଆଁ କଥା ନ କହିବ ?
ଚଢେଇ କାହିଁକି ଉଡ଼ିଯିବେ ମୁଁ ତାଙ୍କର
ନିକଟକୁ ଆସିବା ମାତ୍ରକେ ?
ଖାଲି କ'ଣ ଶୂନ୍ୟସ୍ଥାନ ଦେଖାଯାଏ ଯଦି
କାଳକାଳ କିଏ ନିଜେ ନିଜକୁ ହିଁ ଦେଖେ ?

ସେ କ'ଣ ଚଳତ୍‌ଶକ୍ତିବିହୀନ ଦାହାଣୀ
ପରି କାଳକ୍ରମେ ହୋଇଯାଏ
ଯିଏ ଏକୁଟିଆ ଥାଏ ନିଜର ଗୁମ୍ଫାରେ
ଓ ନିଜର ମାଂସ ନିଜେ ଖାଏ ?

ତେବେ କ'ଣ ଏଇ ଭଲ, ତମେ
ମୁଁ ମରିବା ଯାଏଁ ମୋର କିଛି ଦୂରେ ଥିବ,
ସବୁବେଳେ କହୁଥିବ ଛୁଁଅଁ ଛୁଁଅଁ ବୋଲି,
ଛୁଇଁବି କି ନ ଛୁଇଁବି ଭାବୁ ଭାବୁ ମୋର
ପ୍ରାଣବାୟୁ ଉଡ଼ି ଯାଇଥିବ ?

ତା' ପରେ ଲାଗିଲା ଯଦି ଏତେଦୂର ତମେ
ମୋର ବହିର୍ଭୂତ ହୋଇ ରହ,
ମୁଁ ତମର ମୁହଁ ଚାହିଁ ଭୁଲିଯିବି ତମେ
ମୋର କେହି ବୋଲି କେହି ନୁହଁ ।
ମୁଁ ତମର କେହି ନୁହେଁ, ମତେ ଦେଖାଉଛ
ରୂପଟିଏ ଅନୁଗ୍ରହ କରି,
ସେ ରୂପର ଆଖି, ଓଠ, ବାହୁ, କଟୀଦେଶ
ବାୟବୀୟ-ଇନ୍ଦ୍ରଧନୁ ପରି ।

ସେତେବେଳେ ସବୁ ଅର୍ଦ୍ଧ-ଗଠିତ କାମନା
ମାନଙ୍କୁ ମୁଁ ଏକତ୍ରିତ କଲି,
ଝଡ଼ ପରି ଆସି ତମ ଆଙ୍ଗୁଠି ଭିତରେ
ମୋ ଆଙ୍ଗୁଠିମାନ ଛନ୍ଦି ଦେଲି ।

୮

ଆକାଶରେ ମେଘ ନାହିଁ, ଶୀତଳ ପବନ
ଶୀରଶୀର୍ ଚାଲିଯାଏ ପତ୍ର ଗହଳରେ,
ଚାରିଆଡେ ତୋଫା ଜହ୍ନ, ନାନାଦି ଆଶାର
ଜୁଆର ଉଠିଛି ଫୁଲି ଶାରଦ ରାତିରେ ।

ତମେ ବଂଶୀ ବଜାଉଛ, ହସୁଅଛ, ସବୁରି କାନରେ
କ'ଣ କହିଦିଅ ଯାହା ପୋଛିଦିଏ ସବୁ
ସ୍ମୃତି, ସବୁ ଧୂସର ଅତୀତ,
ସତ ହୋଇ ଆସୁଥିବା ସ୍ୱପ୍ନ ପରି କେବେ ଧରାଦେଇ
ଶୋଚନାର ଛାୟାଛନ୍ନ କେଉଁ ଲୁଚାଛପା
କୋଣେ କେବେ ହୁଅ ଅନ୍ତର୍ହିତ ।

ଅନ୍ୟମାନେ କାନ୍ଦୁଥାନ୍ତି ମୁଣ୍ଡପିଟି, ଛାତି କୋଡ଼ି ହୋଇ,
ମୁହୁର୍ମୁହୁ ଚେତା ବୁଡ଼ିଯାଏ,
କି ଅପରାଧରୁ ତମେ ସେମାନଙ୍କ ବାହୁବନ୍ଧନରୁ
ଚାଲିଗଲ ଭାବୁ ଭାବୁ ବେଳ ଗଡ଼ିଯାଏ ।
ନିରେଖି ନିରେଖି ଯେତେ ଚାହିଁଲେ ବି ତମେ
ଦିଶ ନାହିଁ ଏଡ଼େ ତୋଫା ଜହ୍ନ ଆଲୁଅରେ,
ବୟସ ମଳିନ ହୁଏ, ଜହ୍ନ ବି ମଳିନ
ଦିଶିଲାଣି ଶେଷ ପ୍ରହରରେ ।

ଠିକ୍ ସେହି ସମୟରେ ତମ ଲାଗି ମୋର
ଚରମ ଆସକ୍ତି, ମତେ ସ୍ପଷ୍ଟ ଦେଖାଯାଏ
ତମର ମୁହଁରେ ଆଉ ହସ ନାହିଁ, ଆଖିରେ ଲୁହର
ଛୋଟ ଛୋଟ ବୁନ୍ଦା ମିଶି ବଡ ବୁନ୍ଦା ହୁଏ,
ଚାରିଆଡେ ନିକାଞ୍ଚନ, ସେ ନିକାଞ୍ଚନତା
ଈଶ୍ୱରଙ୍କୁ ଭୋଗିବାକୁ ହୁଏ ।

ତମେ କ'ଣ ପାଇନାହଁ ମୁଁ ପଚାରୁ ନାହିଁ ।
ମୁଁ କେବଳ ସମସ୍ତଙ୍କ ଅଜାଣତେ ଲୁଚି ଲୁଚି ଆସେ
ତମେ ଥିବା ନିରୋଳା ଜାଗାକୁ ।
ତମେ ଜମା ଦିଶୁନାହଁ ଇନ୍ଦୀବର କିମ୍ବା ପଦ୍ମ ପରି,
ଖାଲି କେଉଁ ଏ ପର୍ଯ୍ୟନ୍ତ ତମ ଅଗୋଚର
ଆକାଙ୍କ୍ଷାରେ ଭିଡୁଛ ମୋ ପଣତକାନିକୁ ।

୯

ଥରେ ମାତ୍ର ଦିଶିଥିଲା ସ୍ୱପ୍ନରେ, ତା'ପରେ
ମୁଁ ପାଦ କାଢ଼ିଲି ଏହି ଆଦିଅନ୍ତ ନଥିବା ବାଟକୁ;
କେତେ ଘର, କେତେ ଲୋକ, ମୋ ଅଜାଣତରେ
ମୋ ଜୀବନେ ଘଟୁଥିବା ଘଟଣାମାନଙ୍କୁ
ଅତିକ୍ରମ କରିଗଲି; ନିଜକୁ ଲୁଚାଇ
ନିଜଠାରୁ ଛପି ଛପି ଗଲି;
ବୟସ ଓ ହତାଶାରେ ଭାରାକ୍ରାନ୍ତ ଆଶା ଆସୁଥିବା
ଦେଖିବା ମାତ୍ରକେ ବାଟ ଭାଙ୍ଗି ଯାଉଥିଲି ।
ଲୁଚିଗଲି ଗଛଙ୍କଠୁଁ ଯେଉଁମାନେ ମତେ ଦେଖିଲେ ହିଁ
ବାଟ ରୁନ୍ଧି ଦେଇଥାନ୍ତେ ଗଦାଗଦା ଫୁଲ ମହକରେ ।

ନଈକୁ ଏଡ଼େଇ ଗଲି କାଲେ ତା'ର ଗପ ଶୁଣୁଶୁଣୁ
ମୁଁ ରାଜକୁମାରୀ ପରି ରହିଯିବି ନଅର ଭିତରେ ।
ଲୁଚିଗଲି ମୋ ନିଜର ରକ୍ତଠୁଁ, ରହିଲି
ଶୁଣି ମଧ୍ୟ ନ ଶୁଣିଲା ପରି
ଅଦ୍ୟାବଧି ଜୀବନର କାକୁତିମିନତି,
ସ୍ମୃତି ଅନ୍ତର୍ଦାହମାନ ସୁଖ ଭଳି ରଙ୍ଗ ହେଲାବେଳେ
ଚାଲିଗଲି, କିଛି ସ୍ମୃତି ନଥିଲା ଯେମିତି ।

ଏ ବାଟରେ ଗଲା ବେଳେ
ସବୁ ନଷ୍ଟ ହୋଇଯିବା, କ୍ଷୟ ହୋଇଯିବା ଦେଖାଯାଏ,
ଦେଖାଯାଏ ନିଜ ନିଜ ବିକଳାଙ୍ଗତାରେ
ଛନ୍ଦି ହୋଇ ଯାଇଥିବା ଭଙ୍ଗାରୁଜା ସବୁରି ଉପରେ
ବୁନ୍ଦା ବୁନ୍ଦା ଲୁହ ଜମିଯାଏ ।
ସମୟେ ସମୟେ ଇଚ୍ଛା ହୁଏ ରହିଯାନ୍ତି
କିଛିବେଳେ ପ୍ରତ୍ୟେକ ପାଖରେ,
ଆଉଁସି ଦିଅନ୍ତି ତାକୁ ମୋର ଯାବତୀୟ
ମୁଲାଏମ୍ ଅନୁଶୋଚନାରେ ।
ତମେ କିନ୍ତୁ ତିଳେ ମାତ୍ର ବିଶ୍ରାମ ଦେବନି,
ଛାଡ଼ିବନି ଅନ୍ୟ କେଉଁ ବାଟରେ ଯିବାକୁ,
ତମ ନିର୍ଦ୍ଦୟତା ବୋଧେ ଚାହିଁ ବସିଅଛି
ମୋର ଲହୁଲୁହାଣ ଦେହକୁ ।

ତମେ ବୋଧେ ଚାହଁ ଯାଉ ଭାଙ୍ଗିରୁଜି ଧ୍ୱଂସ ହୋଇ ମୋର
ଆତ୍ମା, ଯାହା ମନେ ଅଛି ମୁଁ ତମକୁ ଦଗା ଦେଇଥିବା
ଦିନରାତି ପ୍ରତିଟି ମୁହୂର୍ତ୍ତ,
ଅଦୃଶ୍ୟ ଅନ୍ଧାର ଦୂରଦୂରାନ୍ତରେ କେଉଁ
କୋଣେ ଯାହାର ବୁନ୍ଦେ ଲୁହ ଏବେ ବି ଗଚ୍ଛିତ
ମରି ମରି ଆସୁଥିବା ଜହ୍ନ ପାଇଁ, ବୁଢ଼ାବୁଢ଼ୀ ପରି
ଦିଶୁଥିବା ବାଳକ ଓ ବାଳିକାଙ୍କ ପାଇଁ,

ଦିନକର ଉଜ୍ଜ୍ୱଳତା ମନେ ପଡ଼ିବାର
ଓଜନରେ ଯେଉଁ ଫୁଲ ଚାଲେ ନଇଁନଇଁ
ତା' ପାଇଁ ଓ ଅସ୍ଥି ପାଇଁ, ଅସ୍ଥିର ଉପରେ
ଥିବା ମାଂସ ପାଇଁ, ମାଂସକୁ ଆବୋରି
ରହିଥିବ ତମ ପାଇଁ ଯାହା ଚାହୁଁ ଚାହୁଁ
ମଉଳି ଯାଉଛି ଏକ ଅନୁପସ୍ଥିତିରେ ।

କିଛି ସହି ପାରନାହିଁ, ଫୋପାଡ଼ି ଦେଉଛ
ଏ ପର୍ଯ୍ୟନ୍ତ ଘଟିଥିବା ଘଟଣା ସବୁକୁ ।
ତମେ ତ କାନ୍ଦିନ କେବେ, କିପରି ବୁଝିବ
ମୁଁ କାହିଁକି ବୁନ୍ଦେ ଲୁହ ବୋହି ବୋହି ଆସେ
ଆଜୀବନ ତମରି ପାଖକୁ ?
ତମେ ବୁଝି ପାରିବନି କେତେ ଭଲ ଲାଗେ
ଯେବେ ଲୁହ ପୋଛି ହୋଇଯାଏ –
ପ୍ରଥମେ ପ୍ରଥମ ବୁନ୍ଦା, ତା' ପର ବୁନ୍ଦା ବି
ଶେଷ ବୁନ୍ଦା ରହିଥିବା ଯାଏଁ ।

୧୦

ଅସ୍ତିକୁ ଉତାରି ଦେଲି
ଜରୀ ଦେହ ସୂତା ଦେହ ରେଶମର ଦେହ,
ନିଜକୁ ଢାଙ୍କିବା ପାଇଁ କାରୁକାମକରା ଆବରଣ
କାଢ଼ିଦେଲି, ମୋର ଅସହାୟ
ନିରାଭରଣତା କଲି ତମକୁ ଅର୍ପଣ
ତମେ ଗଢ଼ିଥିବା ଘୋର ଅନ୍ଧାରରେ, ସେଠି
ମୁଁ ସିନା ପାରେନି ଦେଖ୍ ମୋ ଅତୀତକାଳ,
ଅଭ୍ୟାସବଶତଃ ସିନା ଢାଙ୍କିଦିଏ ମୋର
ଲଜ୍ଜାରୁଣ ଶୂନ୍ୟତାର ସବୁ ସନ୍ଧିସ୍ଥଳ,

ମୁଁ ଜାଣିଛି ମୋ ହାତରେ ଜୋର୍ ନାହିଁ, ନାହିଁ
ଲେଶମାତ୍ର ଦମ୍ଭ ମୋ ମନରେ,
ମୁଁ ଜାଣିଛି ତୁମେ ଆସ ଦକ୍ଷିଣା ପବନ
ପରି, ପହଞ୍ଚିବା ଆଗୁଁ ନିକାଞ୍ଚନ
ପରମାୟୁ ଶୀର୍ଣଶୀର୍ଣ ହୁଏ କେଉଁଠାରେ ।
ଅଙ୍ଗପ୍ରତ୍ୟଙ୍ଗରେ କିଛି ସ୍ମୃତି ନାହିଁ, ଦେଖ
ତାରା ପରି ମୋ ବୟସ ବଢ଼େ ନାହିଁ କିୟା କମେ ନାହିଁ ।

ତମେ ଆଜି ଆସ କିମ୍ବା ଆସ କଣ୍ଟକକ୍ରାନ୍ତର ପରେ
ତମ ଲାଗି ମୋ ରୋମାଞ୍ଚ ଚିରକାଳସ୍ଥାୟୀ ।
ଯେତେ ପକ୍ଷୀ ଯେତେଥର ରାବନ୍ତୁ ପଛକେ
ରାତି ପାହିବନି, ମେଘ ଉହାଡ଼େ ଚନ୍ଦ୍ରମା
ବାରମ୍ବାର ଉଙ୍କି ମାରୁଥିବ,
ବାରମ୍ବାର ମୋ ଆଯ଼୍ୟାର ସଂଭ୍ରମ ନଥିବା
ଯାମିନୀର ଆଦିଅନ୍ତ କ୍ଷୟବୃଦ୍ଧି ନଥିବା ସର୍ବଦା
ପ୍ରଥମ ପ୍ରହରଠାକୁ ଫେରି ଯାଉଥିବ ।

ନଇଁର ସେ ପାଖେ ଦିନ ହେଲେ ହେଉଥାଏ ।
ଏଠାରେ କେବଳ ରାତି, ତମେ ଯେତେଥର
ମତେ ଛୁଇଁ ସେତେଥର ବୟଃପ୍ରାପ୍ତି ହେବା
ଉସ୍ଵାହରେ ମୋ ମୃତ୍ୟୁ ମୁଖର ।

■

୧୧

ଏବେ ଖୁବ୍ ରାତି, ଏବେ ମୁଁ ପୁଣି ତରଳି
ଯାଏ, ପୁଣି ଭୁଲିଯାଏ ମୋ କୁଳ ମହତ,
ପୁଣି ହଁ କରିଦିଏ ତମେ ମତେ ପଚାରିବା ଆଗରୁ,
ଚକ୍‌ଚକ୍ ଅଳଙ୍କାର ପିନ୍ଧି ପୁଣି ମୁଁ ବାହାରି ପଡ଼େ
ସଂସାର ଗୋଟାକ ଯେବେ ନିଦରେ ଅଚେତ ।

ସଂସାର ଗୋଟାକ ଯେବେ ନିଦରେ ଅଚେତ
ତମ ପାଇଁ ଉଜାଗର ରହେ ସାରା ରାତି,
ଜାଣିଶୁଣି ଫାଙ୍କିଦିଏ ଅନ୍ୟ ସମସ୍ତଙ୍କୁ,
ନିର୍ଦ୍ଦ୍ୱନ୍ଦ୍ୱରେ ଭାଙ୍ଗିଦିଏ କାଳକ୍ରମେ ବୁଢ଼ୀ ହେବାକୁ ଓ
ମରିବାକୁ ଦେଇଥିବା ଦୃଢ଼ ପ୍ରତିଶ୍ରୁତି ।

ଡେଇଁଯାଏ ଛୋଟ ଛୋଟ ଅନେକ ଆଶା ଓ
ଛୋଟ ଛୋଟ ଅନେକ ହତାଶା,
ଘରର ଇରୁଣ୍ଟିବନ୍ଦ ଅବଳୀଳାକ୍ରମେ
ଲଙ୍ଘିଯାଏ, ପୁଣି ପାପ କରେ-
ଆଗଭଳି କିନ୍ତୁ ନୁହେଁ ଏବେ,
ବିନା ଶୋଚନାରେ ଏବଂ ବିନା ଆତଙ୍କରେ ।

ମୁଁ ଆଉ ଆବଦ୍ଧ ନୁହେଁ ମୋ ଜନ୍ମବେଳର
ଭାଗ୍ୟରେ, ଆଶ୍ଚର୍ଯ୍ୟ। ପରି ମୁଁ
ବାରଣ ନମାନି ଆସେ ତମ ନିକଟକୁ ।
ପ୍ରତ୍ୟେକ ଆଶ୍ଚର୍ଯ୍ୟ। ଶେଷ ହୁଏ ତମଠାରେ ।
ତମେ ତ ଅବଶ କର, ଆମ୍ଭହରା କର
ଚେତନାକୁ ନିତି ନୂଆ ନୂଆ ଆନନ୍ଦରେ ।

ଜାଣେ ନାହିଁ ଏ ଅନ୍ଧାର ଭିତରେ ତମେ ମୋ'
ପାଖେ ପାଖେ ଅଛ କିୟା ନାହିଁ ।
ନଥିଲେ ବି କ'ଣ ହେଲା ? ତମେ ତମ କଥା ରଖିବାକୁ
ଯେତେକାଳ ପ୍ରୟୋଜନ କର ସେତେକାଳ
ନିଃସଙ୍କୋଚେ ମୋ' ପାଖରୁ ନିଅ।

୧୨

ଖାଲି ଆମେ ଦୁହେଁ ଥିଲୁ ଗୋଟିଏ ନାହାରେ।
ମୋର ଖାଲି ମନେ ଅଛି ସେ ମତେ ଡାକିଲେ
ହସି ହସି, ଧୀରେ ଧୀରେ, ମୁଁ ନାହାରେ ପାଦ
ଦେବା ମାତ୍ରେ ନାହା ବାହିନେଲେ।

ସେ ନାହା କୁଆଡେ଼ ଗଲା କେଜାଣି, ଯେଉଁଠି
ଆକାଶ ସରିଲା ପରି ଜଣା ପଡୁଥାଏ
କି ଯେଉଁଠି ମୁହୁର୍ମୁହୁ ନୂଆ ହେଉଥିବା
ଆଗ୍ରହର ଅନ୍ତରୀପ ଦେଖାଯାଉଥାଏ

ମତେ କିଛି ଜଣା ନାହିଁ। କେତେବେଳେ ଯାଏଁ
ଦିଶୁଥିଲା ନଈଘାଟ, ତୋଟା, ଘରଦ୍ୱାର,
କ୍ରମେ କ୍ରମେ ସବୁ ଘୁଞ୍ଚିଯାଇ ଅବଶେଷେ
ଦିଶିଲା ବିଭିନ୍ନ ବର୍ଷ କେବଳ ତାଙ୍କର।

ଆଉ କିଛି ଦିଶିଲାନି, ଏପରିକି ନଇ
ଓ ନଇରେ ଚାଲୁଥିବା ନାହା ଦିଶିଲାନି,
ଆକାଶ ଅଦୃଶ୍ୟ ହେଲା, ସୂର୍ଯ୍ୟ ଚନ୍ଦ୍ର ତାରା
ଥିଲେ କି ନଥିଲେ କିଛି ଜଣା ପଡ଼ିଲାନି ।

ଖାଲି ସେ ହିଁ ଦିଶୁଥିଲେ, ଯୁଆଡ଼େ ଚାହିଁଲେ
ସେ ହିଁ, ଏକମାତ୍ର ସେ ହିଁ,
ମୋର ବାରମ୍ବାର ଜନ୍ମ ବାରମ୍ବାର ମୃତ୍ୟୁ
କୁଆଡ଼େ ଉଭେଇଗଲା ଜାଣି ହେଲା ନାହିଁ ।

କେତେ ମନା କରୁଥିଲି, କିଛି ନମାନି ସେ
ଛୁଇଁଦେଲେ ମୋର ଆମୂବିସ୍ତୃତ ଯୌବନ,
ତା'ପରେ ସଂଯମ ସବୁ କଟିଗଲା, ଫିଙ୍ଗିଦେଲି ମତେ
ଆଚ୍ଛାଦିତ କରିଥିବା ଆନୁଗତ୍ୟମାନ ।

ମୁହୂର୍ତ୍ତକେ ପହଞ୍ଚିଲି ଘୋର ଅନ୍ଧକାରେ
ଯେଉଁଠି ନଥାଏ କିଛି, ନାମ କିମ୍ବା ସମୟ ନଥାଏ,
ସବୁ ଆକୃତିର ପୂର୍ବବର୍ତ୍ତୀ ପରବର୍ତ୍ତୀ
ନିଷ୍ଠୁରତା ଦିଗ୍‌ବିଦିଗେ ବ୍ୟାପୀ ରହିଥାଏ ।

ସେଠାକୁ ଅନେକ ଯୁଗ ଅତିକ୍ରମ କରି
ପହଞ୍ଚିଲି ଯେଉଁଠାରେ ଆକାର ନଥାଇ
କେବଳ ଚେତନା ଥାଏ, ଯେଉଁପରି ସମୁଦ୍ର ଯାହାର
ତଳ ନାହିଁ, ଉପକୂଳ ନାହିଁ ।

ଏକ ପରେ ଅନ୍ୟ ଏକ ନକ୍ଷତ୍ରମଣ୍ଡଳ
ସ୍ଥାବର ଜଙ୍ଗମ ଢେଉ ପରି ଉଠୁଥିଲେ,
ଅନତିବିଳମ୍ବେ ସେହି ଭେଦାଭେଦ ନଥିବା ତରଳ
ଆଲୋକରେ ଢେଉ ପରି ଭାଙ୍ଗିଯାଉଥିଲେ ।

ମୁଁ ବି ନିଜେ କେତେଥର ଡେଉଟିଏ ପରି
ଉଠିଥିବି କେତେଥର ଭାଙ୍ଗି ଯାଇଥିବି,
କେତେଥର ଆଜିକାଲି ନିଖୋଜ କୌଣସି
ନଈକୂଳେ ଗୀତ ବୋଲିଥିବି ।

କେତେ ଜଳବାୟୁରେ ମୁଁ କେତେ ପୋଷାକରେ
ଆସିଥିବି, କେତେଥର ଫେରି ଯାଇଥିବି,
ପ୍ରତ୍ୟେକ ଫେରିବା ବେଳେ ହୁଲସ୍ଥୁଲ୍ ହୋଇ ଯାଉଥିବ
ଦିଗନ୍ତବିସ୍ତୃତ ମୋର ସୂଚ୍ୟଗ୍ର ପୃଥ୍ବୀ ।

ସବୁ ମନେ ପଡ଼ିଲା, ମୁଁ ବାରମ୍ବାର ଯିବା ଆସିବାର
କ୍ଲାନ୍ତିରେ ଆଉଜି ଗଲି ତାଙ୍କର ଛାତିରେ,
କିଏ ପିତା କିଏ ସ୍ୱାମୀ କିଏ କ'ଣ ସବୁ ଭୁଲିଗଲି
ତାଙ୍କ ସାଙ୍ଗେ ନୌକାବିହାରରେ ।

ଯାହା ଯାହା ମୁଁ କହୁଛି ସବୁ କ'ଣ ଖାଲି
ପ୍ରତିଧ୍ୱନି ? କିମ୍ବା ପକ୍ଷୀଙ୍କର
ଜଳରବ, ବତାସର ସୁ ସୁ ଶବ୍ଦ
ପ୍ରତିଧ୍ୱନି ମୋ ଉଚ୍ଚାରଣର ?

ସେ ନଥିଲେ ପୂର୍ବପରି, ବହୁତ ସଂଖ୍ୟକ
ଆକୃତି ଭିତରେ ଏକ ଆକୃତି ଭାବରେ,
କାହାକୁ ପଚାରିଥାନ୍ତି ମୁଁ ଅଛି ନା ମରି ସାରିଲିଣି
ନୌକା ଦୁର୍ଘଟଣାରେ ବା ଆଉ ମନେ ନଥିବା ରୋଗରେ ?

କେତେବେଳେ ପରେ ନାହା କୂଳରେ ଲାଗିଲା ।
ମୁଁ ନାହାରୁ ଓହ୍ଲାଇ ଆସିଲି ।
ଘରକୁ ଫେରିବା ବେଳେ କାହିଁକି କେଜାଣି
ଲାଗିଲା ଦେହରେ ଆଉ ପ୍ରାଣ ନାହିଁ ବୋଲି,

ଲାଗିଲା ଯେ ମୋ ପାଦରେ ଅନେକ ଯୁଗର
ଅନେକ ଦଉଡ଼ି ଛନ୍ଦା, ଯୁଆଡେ ଗଲେ ବି
ପୁଣି ସେ ଅପରିଚ୍ଛନ୍ନ ଅପରିବର୍ତ୍ତିତ
ନଇର ଘାଟକୁ ନିତି ନିତି ଫେରୁଥିବି ।

ପୁଣି ରାତି ହେଉଥିବ, ଘରକୁ ଫେରିବା
ବାଟରେ ନିଷ୍ପ୍ରଭ ସ୍ୱପ୍ନଙ୍କର ମୃତ ଦେହ
ଝୁଣ୍ଟୁଥିବି, କେତେବେଳ ଯାଏଁ ଶୁଣୁଥିବି
ନଇକୂଳୁଁ କିଏ କହେ ବିଦାୟ ବିଦାୟ ।

୧୩

ସଖୀ ଜଣେ ପଚାରିଲା,
ତମକୁ କାହିଁକି ଏତେ ଭଲ ପାଏ ବୋଲି ।
ତାକୁ କ'ଣ କହିଥାନ୍ତି ? ଖାଲି ଧାଧା ଖୁନ୍ଦି ହୋଇଥିବା
ଆକାଶକୁ ମୁଁ ଚାହିଁ ରହିଲି ।
ହଠାତ୍ କାହିଁକି ହାଡ଼ ଭିତରେ ଭିତରେ
ଖୁବ୍ ଥଣ୍ଡା ଲାଗିଲା ଓ ହଠାତ୍ କାହିଁକି
ଗୋଟାପଣେ ଥରିଗଲି ପାଟି ପଡ଼ିଗଲା ।
କାକର ପବନ ଯୋଗୁଁ ଜମା ନୁହେଁ, ମତେ ଲାଗିଲା ଯେ
ତା' ହେଲେ ଅସଂଖ୍ୟ ରାତି ଆଗକୁ ଏପରି
ରାତିଟିଏ ଆସିବ ଯେ ମୁଁ ଆଉ ନଥିବି ।
ତାରାମାନେ ଥିବେ କିନ୍ତୁ ଠିକ୍ ଆଜିପରି ।
କିପରି ବୁଝେଇଥାନ୍ତି ଏଥିପାଇଁ ଖାଲି ଏଥିପାଇଁ
ତମେ ଏତେ ପ୍ରିୟତମ ମୋର,
କାହାକୁ ବୁଝାଇ ହେବ ପ୍ରକୃତ କାରଣ
ଆତଙ୍କର, ଭଲ ପାଇବାର ?

୧୪

ସେ ଦିନ ସନ୍ଧ୍ୟା ମୁଁ କେବେ ଭୁଲି ପାରିବି କି ?
ତମେ ପହଞ୍ଚିବା ମାତ୍ରେ ଜହ୍ନ ଉଇଁଥିଲା ।
ମୋର ଅଧା ପୋଡ଼ା ଦେହ ଅସରା ଅସରା
ଜହ୍ନ ଆଲୁଅରେ ଥିଥି ଯାଇ ଥରୁଥିଲା ।
କିଏ ଜଣେ ଯାହାକୁ ମୁଁ ଜନ୍ମ ହେବା ଦିନୁଁ
ଚିହ୍ନିଥିଲି, ଭଲ ପାଇଥିଲି
ସେତେବେଳେ ମରିଗଲା, ଅଥଚ ମୋ ଆଖିରୁ ଟୋପାଏ
ଲୁହ ବୋହିଲାନି, ସେତେବେଳେ ତ ମୁଁ
ହସହସ ଶିଳାଖଣ୍ଡ ହୋଇ ଯାଇଥିଲି ।

ଶିଳା ପରି ଉପରକୁ କଠିନ, ଅଥଚ
ପ୍ରତି ଲୋମକୂପ ବାଟେ ମୋର ଜନ୍ମ ଜନ୍ମାନ୍ତରର
ସାଇତା ସାନ୍ତ୍ୱନା ସୁଅ ପରି ବୋହୁଥିଲା,
ଭିତରେ ଭିତରେ ଏକ ନିତ୍ୟବର୍ଦ୍ଧମାନ
କାକର ଶୀତଳ ହ୍ରଦ ମୋର ସର୍ବଶେଷ
ଉଚ୍ଚାରଣ ସର୍ବଶେଷ ନୀରବତା ଡେଇଁ
ଜହ୍ନ ଆଲୁଅରେ ଚିକ୍‌ଚିକ୍‌ କରୁଥିଲା ।

ସେତେବେଳେ ଠାଏ ଠାଏ ଦିଗ୍‌ବଳୟରେ
ନୀଳବର୍ଷ କୁହୁଡ଼ି ଭିତରୁ
ଲାଗୁଥିଲା ତମେ ଅବା ବାହାରି ପଡ଼ୁଛ,

କିଛି କହୁନାହିଁ କିନ୍ତୁ ଅସୁମାରି ଫୁଲମାନଙ୍କର
ସୁଗନ୍ଧ ଏକତ୍ର କରି ଦୀର୍ଘନିଃଶ୍ୱାସରେ
ମୋ ନିଜ ଉପରୁ ମୋର ହାତ ଖସାଉଛ ।

ହାରିବାର, ହାରିଯାଇ ଶତ୍ରୁତାସମ୍ପନ୍ନ
ଯେତେ ଛାୟାମୂର୍ତ୍ତି ତାଙ୍କୁ ହରାଇ ଦେବାର
ଅମାୟ ଆନନ୍ଦ ଘୋଟିଥିଲା ମୋ ଭିତରେ,
ଅପରିକଳ୍ପିତ ଗୋଟି ଗୋଟି ଅଭିଳାଷ
ସତ ହୋଇ ଆସୁଥିଲେ ପୃଥିବୀଯାକର
ପକ୍ଷୀଙ୍କର ଦୁଃସାହସମୟ କାକଳିରେ ।

ତମକୁ ସମର୍ପିଦେଲି ମୋର ଶରୀରର
କଠିନତା, ବୋଝ ବୋଝ ପୁରୁଣା ଅଭ୍ୟାସ,
ଭୟ ଭ୍ରାନ୍ତି, ସୁଖ ଦୁଃଖ, ଜରା ଓ ମରଣ,
ତା' ପର ତରଳିଯାଇ ବ୍ରହ୍ମାଣ୍ଡ ଉପରେ
ବୋହିଗଲି ଯେପରି ମୁଁ ପର୍ବତ ଭିତରୁ
ସଦ୍ୟ ମୁକ୍ତ ହୋଇଥିବା ଚନ୍ଦ୍ରର କିରଣ ।

ତମେ ଯେତେବେଳେ ମୋର ସର୍ବାଙ୍ଗରୁ ଧୂଳି
ଝାଡ଼ି ଦେଇ କହୁଥିଲ ଏ ଜନ୍ମରେ ଏତେଦୂର ନୁହେଁ,
ଏ ଜନ୍ମରେ ରାତି ପରେ ସକାଳ ଆସିବ,
ସକାଳେ ବିଚ୍ଛିନ୍ନ ଦେବା ପରସ୍ପରଠାରୁ ଆମେ ଦୁହେଁ,
ଆସ ଆସ ଭୋର୍ ହେବା ଆଗୁଁ ମୁଁ ତୁମର
ଜରା ଓ ମରଣ ପାଇଁ ତିଆରି ଦେହରେ
ଦୂରବର୍ତ୍ତୀ ସ୍ୱପ୍ନଙ୍କର ପ୍ରତିଶ୍ରୁତି ଲେଖେଁ
ମୋ' ଚୁମାରେ, ପୁଣି ଏଇ ଜନ୍ମ ଆଲୁଅର
ମନ୍ତ୍ରସିଦ୍ଧ ହଳଦୀପାଣିରେ ।

୧୫

ଚୁମା ଦେଲେ ଦିଅ କିନ୍ତୁ ଭାବ ଯଦି ଆମେ
ବହୁତ ଆଗରୁ ଭେଟିଥାନ୍ତୁ ପରସ୍ପରେ
ଓଠରେ ଉଭାପ ପାଇଁ ଟିକିଏ ସମୟ
ଆଜି କ'ଣ ମାଗୁଥାନ୍ତୁ ସମୟ ପାଖରେ ?

ପାଖେ ପାଖେ ସୋର୍‌ଶଦ ନଥିବା ଏପରି
ରହସ୍ୟ ଥାଆନ୍ତା ଯା'ର ସୀମାନ୍ତ ଛୁଇଁଲେ
କୁଳୁକୁଳୁ ଶୁଭୁଥାନ୍ତା ପ୍ରଥମ ପ୍ରେମର
ପ୍ରଥମ ଅସ୍ଥିର ଭାଷା, ଶବ୍ଦ ସବୁ ଖାପଛଡ଼ା କିନ୍ତୁ
ସବୁରି ଭିତରେ ଥାନ୍ତା କେତେ ଅର୍ଥ ଅବା
ଅଧୌର୍ଯ୍ୟତା ମରିବା ବେଳର ।

ତମେ ଯଦି କଥା ଦେଇ ନ ଆସନ୍ତ କେଉଁ ରାତିରେ, ମୁଁ
ଯଦି ରହିଯାନ୍ତି ମୋର ବୈଧବ୍ୟ ବାହୁନି
କାନ୍ଦୁଥିବା ମୁହୂର୍ତ୍ତଙ୍କ ଗହଣରେ, ସେମାନେ ନିଶ୍ଚିହ୍ନ
ହୋଇଯାଉଥାନ୍ତେ ଦୀର୍ଘ ନିଃଶ୍ୱାସରେ, ଭୋର ଆଲୁଅରେ,
ତେବେ ବି ମୁଁ ଆରଦିନ ନରାଗି ନରୁଷି
ମୋ କପାଳ ବକ୍ଷସ୍ଥଳ ଯୌବନର ଦିଗ୍‌ବିଦିଗକୁ
ସଜାଇ ଦିଅନ୍ତି ସୃଷ୍ଟିଯାକର ଫୁଲରେ,
ମନକୁ ବୁଝାନ୍ତି ତମେ ଯେତେବେଳେ ତମେ ନାହଁ ବୋଲି
ଲାଗୁଥିବା ସମୟରେ ଖୁବ୍ ପାଖେ ପାଖେ ଥାଅ, ତେଣୁ
କ'ଣ ଯାଏ ଆସେ ମାତ୍ର ରାତିକର ଲକ୍ଷ୍ୟଭ୍ରଷ୍ଟତାରେ ?

ଆମେ କିନ୍ତୁ ପରସ୍ପରେ ଭେଟିଲୁ ବହୁତ
ଡେରିରେ, ଆମର ସବୁ ପ୍ରତ୍ୟାଶାର ସର୍ବଶେଷ ବେଳ ରତରତ

ସମୟରେ, ଉେଣୁ ତମେ ଥରେ ନ ଆସିଲେ
ମୋ ଆଖିରୁ ଲୁହ ନୁହେଁ ଅବଶିଷ୍ଟ ଆୟୁଷର ଖଣ୍ଡବିଖଣ୍ଡିତ
ଅହଙ୍କାର ବୋହିଯାଏ। ଆଗକୁ କେବଳ
ସରି ସରି ଆସୁଥିବା ସମୟ, ସେଠାରେ
ତୁମେ ନାହଁ, ଆସିବାର ସମ୍ଭାବନା ସବୁ
ଏତେ ଅଳ୍ପ, ସହଜରେ ଗଣି ହୋଇଯାଏ
ହାଡ଼ମାଳ ଶିରାମାଳ ଦିଶି ଆସୁଥିବା ଆଙ୍ଗୁଠିରେ ।

ମୁଁ ଯିବି ମୋ ଚମଡ଼ାର ଗ୍ରୀଷ୍ମଋତୁରେ, ମୋ
ଏକାଏକା ରହିବାର ଖରାବେଳ ସାରା,
ଶାଗୁଣାମାନଙ୍କ ଡେଣା ଛାଇ ପଡ଼ି କଳା ଅସୁନ୍ଦର
ଛୋଟଛୋଟ ଈର୍ଷା ବାଟେ, ବହୁଦିନୁଁ ଖଣ୍ଡିଆଖାବରା
ଉତ୍ତେଜନାମାନଙ୍କର ଭିତରେ, ଏପରି
ଶଙ୍କ ଭିତରେ ଯାହା ହୁଳସ୍ଥୁଳ ହୋଇ ଯାଉଥିବେ
ନିହାତି ମାମୁଲିଭାବେ ଦେହ ଥରିଗଲେ।
ଲୋକ ଗହଳିରେ ଯିବି, ଖଞ୍ଜି ଦେଉଥିବି
ମୋ ଓଠରେ ଚାହିଦାନୁଯାୟୀ
ହସ ବା ଉତ୍ତରଟିଏ, ଯଦିଓ ମୁଁ ଜାଣି ସାରିଥିବି
ତମେ କେବେ ଆସିବନି ମୋ' ଓଠରେ ଚୁମା ଦେବା ପାଇଁ ।

ମୁଁ ସବୁ ଜାଣିଛି ମୋର ଶ୍ୟାମବର୍ଣ୍ଣ ପ୍ରିୟତମ, ଜାଣେ
କ୍ରମେ କ୍ରମେ ତମେ କୃଷ୍ଣବର୍ଣ୍ଣ ହୋଇଯିବ
ତା'ପରେ ଅଦୃଶ୍ୟ ହେବ, ନିରାକାର ହେବ ଓ ମୁଁ ଯେତେ
ନିରେଖି ଚାହିଁଲେ ତମ କଟାକ୍ଷ ଓ ହସ ନ ଦିଶିବ ।
ମୁଁ ଜାଣିଛି ପ୍ରିୟତମ ସମୟର ମାନେ କ'ଣ, ମୋର
ଅସହାୟ, ନିଷ୍କଳ ଆତ୍ମାରେ
ତମେ ନଥିବାର ପ୍ରତିବିମ୍ବ ପଡୁଥିବ
ଏକାନ୍ତରେ, ମଧୁ ଯାମିନୀରେ ।

୧୬

ଜାଣେ ଜାଣେ ତମେ ଦିନେ ଚାଲିଯିବ ଆଉ ଫେରିବନି।
ଜାଣେ ଜାଣେ ମୁଁ ତମକୁ ଚିହ୍ନିବା ଆଗର
ଦିନମାନେ ଆଉ ଥରେ ଲେଉଟି ଆସିବେ,
ଦିନେ ଭାଙ୍ଗି ଦେଇଥିବା ନାନାଦି ସମ୍ପର୍କ
ମୋର ପ୍ରତିବାଦ ସତ୍ତ୍ୱେ ଯୋଡ଼ି ହୋଇଯିବେ।

ଜାଣେ ଜାଣେ ତମେ ଫେରି ଆସୁଥିବ ପ୍ରତିଦିନ ମୋର
ଆୟୁଷରେ ବାକିଥିବା ବର୍ଷ ବର୍ଷ ଧରି
ଆଜି ପରି ନୁହେଁ– ତମେ ଆଉ ନଥିବାର
କଳକଳ କରୁଥିବା ହତୋତ୍ସାହ ପରି ।
ବର୍ଷ ବର୍ଷ ଧରି ଠିଆ ହୋଇଥିବି ତମ
ଆଲୋକିତ ରହିବାର ସୀମାନ୍ତ ବାହାରେ
ପ୍ରେତ ପରି, କାଲେ କେତେବେଳେ
ତମେ ଗୋଟି ଗୋଟି ସବୁ ଆଲୋକ ଲିଭାଇ
ବାହାରି ପଡ଼ିବ ପୁଣି ନାଗର ବେଶରେ ।

ମୁଁ ଜାଣେ ନାଗର ବେଶେ ବାହାରିବ ନାହିଁ ।
ପ୍ରତ୍ୟେକ ସକାଳେ ଫୁଲମାନେ ଦିଶୁଥିବେ
କାଗଜର ଫୁଲ ପରି, ରାତି ହେଉଥିବ,
ନିଦ ହେଉ ନଥିବ କି ଅନିଦ୍ରା ହେବାର
କୌଣସି ରହସ୍ୟମୟ କାରଣ ନଥିବ।

ମୁଁ ତୁମକୁ ଭୁଲିପାରୁ ନଥିବି କି ପାଇ ପାରୁନଥିବି, ଆଖିରୁ
ଆଖିପାଣି ମରିଯାଇ ଥିବ,
ତମେ ମୁଁ ଏକାଠି ହେବା ଦିନ ଆଉ ନଥିବ କେବଳ
ତମେ ମୁଁ ଅଲଗା ହୋଇ ରହିଥିବା ଦିନ ରହିଥିବ ।
ଚନ୍ଦ୍ର ତାରା ବୃକ୍ଷଲତା ନଦୀ ଆଗପରି
ଜଡ ହୋଇ ରହିଥିବେ, ଯଦି
ହଠାତ୍ ଉତ୍ତାପ ଆସେ କଦାପି ରକ୍ତରେ
ଆପେ ଆପେ ଥଣ୍ଡା ହେବ, ତରଳ ପାଉଁଶ
ବୋହି ଯାଉଥିବ ମୋର ଶିରାପ୍ରଶିରାରେ ।

ମୁଁ ଜାଣିଛି ଦରହସ, ବାଷ୍ପରୁଦ୍ଧ କଥା ଗହଣରେ
ତମେ ଦିନେ ରହିଯିବ, ତାକୁ ବୋହି ଚାଲିଥିବି
ଭିଡ ଠେଲି ରାସ୍ତା ଆଉ ଲୋକମାନଙ୍କର
ଫଟା ଦର୍ପଣଟେ ପରି ତମେ ତାକୁ ଫିଙ୍ଗିଦେବା ପରେ ।
ସେଥିପାଇଁ ଦେଖୁନାହିଁ ନିଗାଡ଼ି ଦେଉଛି
ଆଜି ମୋର ସବୁ ଆଶା ବୁନ୍ଦା ବୁନ୍ଦା ଶ୍ରୀମଞ୍ଜୀଳେ ଆଉ
ଆମ୍ରହତ୍ୟାସଦୃଶ ରୁମାରେ ?

୧୭

ସବୁ କିଛି ଯଦି ତମ କଳ୍ପନାପ୍ରସୂତ
ହେ ମହାମହିମ ତେବେ ମୋ କୋଳକୁ କାହିଁକି ଆସୁଛ ?
କାହିଁକି ଅଧୈର୍ଯ୍ୟ ଭାବେ ମୋ ଖୋସଣି ଭିଡ଼ାଭିଡ଼ି କର ?
ତମ ଓଠ କାହିଁକି ମୋ ଓଠରେ ଯୋଡ଼ୁଛ ?

ତମର ନିଜକୁ ନିଜେ
ରଖିବାକୁ ଯଦି ସବୁ ଆଧାର କେବଳ,
ଜଣେ ଜଣେ ଯଦି ତମ ଚାହିଦା ଓ
ପ୍ରତ୍ୟେକ ଚାହିଦା ବିନା ବାକ୍ୟବ୍ୟୟେ ବିନା ରକ୍ତସ୍ରାବେ
ପୂର୍ଣ୍ଣ କରିବାକୁ ତମ ନିଜର କୌଶଳ
ତେବେ ଯାଆ ଶୋଇପଡ଼
କଣ୍ଟକଣ୍ଟାନ୍ତର ଜଳଶୂନ୍ୟ ଜଳଧିରେ।
ଏଠି ଖୁବ୍ ଝଡ଼ ହୁଏ, ନିଜ ଚିହ୍ନବର୍ଣ୍ଣ ଉଡ଼ିଯାଏ
ହିତାହିତଜ୍ଞାନଶୂନ୍ୟ ଭଲ ପାଇବାରେ।

ଦେହରେ ଲାଗିଲେ ଦେହ
ମୁଁ ନିଜକୁ ପାସୋରି ପକାଏ,
ସୁତରାଂ ଜାଣିଶୁଣି କିନ୍ତୁ କିଛି ନଜାଣିଲା ଭଳି
ବାରମ୍ବାର ତମ ଦେହେ ମୁଁ ଦେହ ବଜାଏ।
ପାସୋରିବା ଲାଗି ମୋର ବ୍ୟାକୁଳତା ତମେ
ବୁଝନାହିଁ, ଅନ୍ୟ ସବୁ ପାସୋରିବା ପରେ
ତମକୁ ଆଦର କରି ନେଇଯାନ୍ତି, ସମ୍ଭାଦି ରଖନ୍ତି
କେବଳ ତମେ ଓ ମୁଁ ଥିବା ମୋର ଏକାଗ୍ର ମନରେ।

ପାସୋରି ଯିବାକୁ ଚାହେଁ ସବୁ କିଛି- ତମକୁ ଚିହ୍ନିବା
ଆଗରୁ ଅନେକ ବର୍ଷ ବ୍ୟାପି ନିଷ୍ଫଳତା,
ତମେ ଚାଲିଯିବା ପରେ ରହସ୍ୟ ନଥିବା
ବଞ୍ଚିବାର ବାଧ୍ୟବାଧକତା,
ପାସୋରି ଯିବାକୁ ଚାହେଁ ଅଥଚ ସେ ସବୁ
ବେଶି ବେଶି ମନେ ପଡି ବେଶି କାନ୍ଦମାଡ଼େ।
ସବୁ ଦିଶେ- ମୋ ନିଜର ହତୋତ୍ସାହ, ମୋ ନିଜର ଅସୁନ୍ଦରପଣ
ମୁଁ ତମକୁ ପାଇବାର ମୁହୂର୍ତ୍ତ ଉହାଡ଼େ।
ସେଥିପାଇଁ ଏ ମୁହୂର୍ତ୍ତେ
ନିଜକୁ ମିଶାଇ ଦିଏ ନାନାଦି ପର୍ଯ୍ୟାୟ
ମିଶିଥିବା ଉନ୍ମାଦର ସଚରାଚରେ,
ସେଥିପାଇଁ ଚାହେଁ କିଛି ବାକି ନରହୁ ଏ
ମୁହୂର୍ତ୍ତକ ସରିଯିବା ପରେ।

ତମେ କ'ଣ ବୁଝ ? ତମ ପାଇଁ କେଉଁ
ମୁହୂର୍ତ୍ତର କିଛି ଅର୍ଥ ନାହିଁ।
ମୁଁ ତମକୁ ଉଡ଼ି ଧରିଥିବା ବେଳେ ତମେ
ଚାଲିଯାଅ ମତେ ଛାଡ଼ି ଦେଇ।
କିନ୍ତୁ ପୂରା ଯାଅ ନାହିଁ, ବାରମ୍ବାର ଫେରି
ଅସ୍ତବ୍ୟସ୍ତ କର ମୋର ଲୁଗାକୁ, ମନକୁ।
ସବୁ କିଛି ଯଦି ତମ କଳ୍ପନା ପ୍ରସୂତ
ତା' ହେଲେ କାହିଁକି କେଉଁ ଯୁଦ୍ଧଭୂମି ବା ସିଂହାସନରୁ
କିଛି ଛାଡ଼ି ଯାଇଥିଲା ପରି କିଛି ବାକି ଥିଲା ପରି
ଏତେ ଥର ଲୁଚି ଲୁଚି ଆସ ମୋ' ପାଖକୁ ?

୧୮

ଯଦି ଏଇ ନଇକୂଳ ମିଛ ସବୁ ଫୁଲ ମିଛ ଆମେ
ଲୁଟି ଲୁଟି ଆସୁଥିବା କୁଞ୍ଜବନ ଯଦି ମିଛ ହୁଏ,
ଯଦି ତମେ ମତେ କିଯା ମୁଁ ତମକୁ ଟାଣିନେବା ଖାଲି
କାଞ୍ଚନିକ ପତ୍ର ଦାଢ଼େ ଟଳ ଟଳ କାକର ଟୋପାଏ,
ଯଦି ତମ ନିକଟକୁ ଧଇଁସଇଁ ହୋଇ
ଦିନସାରା ରାତିସାରା ଯିଏ ଧାଇଁ ଆସେ ସେ ମୁଁ ନୁହେଁ,
ଯଦି ଏ ଉନ୍ମାଦ ଭବେ ଲୋଡ଼ିବାର ବତାସ ଭିତରେ
ମୁଁ ପ୍ରକୃତପକ୍ଷେ ଯିଏ ସେ ନିଷ୍କଳ ହୋଇ ରହିଥାଏ,
ଯଦି ତମେ ପ୍ରକୃତରେ କ୍ଲାନ୍ତ ହୋଇ ଫେରି ଆସୁନାହଁ
ମୋ କୋଳକୁ ଦିନ ସାରା ଜଙ୍ଗଲରେ ବୁଲିବା ଉତ୍ତାରେ,
ଯଦି ତମେ ପିନ୍ଧିନାହଁ ହଳଦିଆ ଲୁଗା,
ଯଦି ତମେ ଖୋସିନାହଁ ବଇଁଶୀ ଅଣ୍ଟାରେ,
ତେବେ ବି ତ ମୋର କିଛି ଯାଏ ଆସେ ନାହିଁ ।

ଫୁଲମାନ ଆଗଠାରୁ ବେଶୀ ବେଶୀ ସୁନ୍ଦର ଦିଶନ୍ତି,
ହଠାତ୍ ତାଙ୍କର ପାଟି ଫିଟିଯାଏ, କେତେ
ମିନତି କରନ୍ତି ମତେ ରହିଯିବା ପାଇଁ
କ୍ଷଣେ ମାତ୍ର, କେବେ ନଥିବାର
ଅନ୍ଧାରରେ ସେମାନଙ୍କ ଚିହ୍ନବର୍ଣ୍ଣ ଲିଭିଯିବା ଆଗୁଁ ।
ନଇଁର ଡାକରା ଶୁଭେ, ତା' ପ୍ରତିଧ୍ୱନିରେ
ଭିଜିଯାଏ ମରୁଭୂମି ମୋ ପରାଜୟର ।
ପୁଣି ଥରେ ଘାସ ଉଠେ, ସବୁଜ ଉଦ୍ଭିଦ
ମାଡ଼ିଯାଏ ବାଲିଚରଯାକ ।
ପୁଣି ଥରେ କୁଞ୍ଜବନୁଁ ଦିଗ୍‌ବିଦିଗରୁ
ଗୋଟିଏ ଶୂନ୍ୟତା କହେ ମତେ ତମ ଦୀର୍ଘନିଃଶ୍ୱାସରେ
ଟିକିଏ ଆଉଁସି ଦିଅ, ଟିକିଏ ମାତ୍ରକ ।

ସେ ମୁହୂର୍ତ୍ତେ ପଥରଟୁଁ ଭିନ୍ନ ହୋଇକରି
ପଥର ପ୍ରତିମାଟିଏ ଠିଆ ହୋଇ ରହେ,
ମାଟିର କଳସାଟିଏ ଆଦିମ ମାଟିଟୁଁ
କାହିଁ କେତେଦୂର ଚାଲିଯାଏ ।
କ୍ରୋଧଜର୍ଜରିତ ଅଶ୍ରୁଜର୍ଜରିତ ସେଇ
ମୁହୂର୍ତ୍ତରେ ମୁଁ ଛୁଏଁ ମୋ ଦେହକୁ, ତମର
ଉଦ୍ଭାପକୁ ଅନୁଭବ କରେ,
ଆଶାକରେ ଆଶା ହାରେ ଈର୍ଷାରେ ଜଳେ ଓ
ସେ ମୁହୂର୍ତ୍ତେ ମୁଁ ତମକୁ ମୋ କ୍ଞାତସାରରେ
ଭଲପାଏ, ମାଫ୍ କରିଦିଏ
ତମର ନିର୍ଦ୍ଦୟପଣ ଇଚ୍ଛାକୃତ ପକ୍ଷପାତିତାରେ ।

ତମେ ଆଉ କ'ଣ ଜାଣ ? ସବୁରି ଅନ୍ତିମ
ପରିଣାମ ଭାବେ ରଖ ଗୋଟିଏ ମୃତ୍ୟୁକୁ,
ଗୋଟିଏ ଚୂଡ଼ାନ୍ତ ବିସ୍ମରଣରେ ଲିଭାଅ
ସବୁ ଧନ୍ଦି ହେବାକୁ ଓ ସବୁ ଘଟଣାକୁ

ତମେ ଜାଣିନାହଁ ଦ୍ବିଧା, ତମ ପାଇଁ କେଉଁ
କଥାର ପାର୍ଥକ୍ୟ ନାହିଁ ଅନ୍ୟ କାହାଠାରୁ,
ମତେ କିନ୍ତୁ ସବୁ ଦିଶେ ଅଲଗା, ଗୋଟିକୁ
ବାଛିବାକୁ ହୁଏ ନାନାବିଧ ତାତ୍ପର୍ଯ୍ୟରୁ ।
ସେତେବେଳେ ମୋ କ୍ଷମତା ଅମାପ, ଚାହିଁଲେ
ଯାହା ଇଚ୍ଛା ତାହା ବାଛିନେବି,
ଠିକ୍ ସେତେବେଳେ ମୋର ହୃତ୍କମ୍ପ ବି ଅମାପ, ଯେହେତୁ
ମୁଁ ଯାହା ବାଛିବି ତାକୁ ଆଜୀବନ ଭୋଗି ଚାଲିଥିବି ।
କେବଳ ତାହା ହିଁ ଥିବ, ଅନ୍ୟ କିଛି ନଥିବ ଅଥବା
ଦିନେ ଥିବା ଶୋଚନାରେ ଥିବ,
ଥରକ ପ୍ରୟୋଗ ପରେ ସେ କ୍ଷମତା ଚିରକାଳ ପାଇଁ
ଦାସତ୍ବରେ ପରିଣତ ହେବ ।

ତମକୁ ବାଛିଲି । ଶୁଣ ମନ ଦେଇ, ଶୁଣ
କାହାରି ଇଚ୍ଛାରେ ନୁହେଁ ମୋ ଇଚ୍ଛାରେ ତମକୁ ବାଛିଲି,
ତମକୁ ରଖିବା ପାଇଁ ଜୀବନର ପ୍ରତି ମୁହୂର୍ତ୍ତରୁ
ଅନ୍ୟ ସବୁ ଭାଗ୍ୟ କାଢିଦେଲି ।
କିଛି ବାଧବାଧକତା ନଥିଲା, ଏବେ ବି
ମନେ ପଡେ ବହୁଦିନ ଧରି
ତମେ ଯାଉଥିଲ ତମ ବାଟେ ମୁଁ ମୋ ବାଟେ
ଯାଉଥିଲି ସମସ୍ତଙ୍କ ପରି ।
ମୁଁ ମୋର ଅଲଗାପଣ ଭିତରୁ ତମକୁ
ନିର୍ଦ୍ଧାରିତ ସ୍ନେହ ଦେଉଥିଲି,
ତମର ରହସ୍ୟ ଥାଉ ତମଠାରେ ମୁଁ ପର୍ଯ୍ୟାୟକ୍ରମେ
ମରିଯିବି ବୋଲି ଭାବୁଥିଲି ।

ତମକୁ ବାଛିବା ପରେ ତମେ ମୋର ସବୁ ଚାହିଦାର
ଶ୍ୟାମଳ ସାରାଂଶ ହେଲ । କି ବଣ୍ୟ ଭାବରେ

ମୁଁ ତମର ନ ଆସିବା ରାତିକୁ ବିଦାରି
ଦିଏ ମୋ ଶାଣିତ ଅସନ୍ତୋଷମାନଙ୍କରେ ।
ତମେ ଆସିଥିବା ରାତିମାନ ମଣ୍ଡିଦିଏ
ନଈରେ ଫୁଲରେ କୁଞ୍ଜଭିତରେ ଅନ୍ଧାରେ,
ମୋ ଜୀବନ୍ତଶ୍ୱାର ଶେଷେ ଥିବା ନିର୍ଦ୍ଧାରିତ
ନିଷ୍ଠୁରତା ଭୁଲିଯାଏ ତମର କୋଳରେ ।

ମୁଁ ଏପରି ଭାବେ ଭଲପାଏ, ମୋର ସରି ଆସୁଥିବା
ଆୟୁଷର ଆତଙ୍କକୁ ଲୁହରେ ଲୁଚାଇ,
ଲୁହକୁ ଲୁଚାଇ ପୁଣି ହସରେ, ମୁଁ ହସି ହସି ତମ
ଦେହର ମୁହୂର୍ତ୍ତମାନ ଯାଏ ଛୁଇଁଦେଇ ।
ଜାଣେ ସେ ମୁହୂର୍ତ୍ତମାନ ଚାଲିଯିବେ, ଚାରିଆଡେ ଥିବା
ଫୁଲ ଝଡ଼ିଯିବେ ଆଉ ନଈ ଶୁଖ୍‌ଯିବ,
ଜାଣେ ଦିନେ ତମ ହସ ଅନ୍ୟ କେଉଁଠାରେ
ଆଉ କାହା ସମୟକୁ କୃତାର୍ଥ କରିବ ।
ଜାଣେ ଦିନେ ମୋ ସମୟ ସ୍ତବ୍ଧ ହେବ, ତାହା ବୋଲି କ'ଣ
ମିଛ ମଣି ରହିଯିବି ଯାହା ବାଞ୍ଚିଥିଲି,
ବାଞ୍ଚିବା ବେଳରେ ଯାହା ଯାହା ସାକ୍ଷୀ ଥିଲେ ?
କେଉଁଠି ରହିବି ଅବା ତମକୁ ମୋ ଲୋଡିବାପଣର
ଭୂତ ଭବିଷ୍ୟତ ବର୍ତ୍ତମାନ ଛାଡ଼ିଦେଲେ ?

୧୯

ନିଅ ନିଅ ମୋ ପରମାୟୁର
ଅବଶିଷ୍ଟ ମୁହୂର୍ତ୍ତରୁ ଅଧେ ନେଇଯାଅ,
ତା' ବଦଳେ ମୋ ପାଖରେ ରହିଥିବା ମୁହୂର୍ତ୍ତମାନଙ୍କୁ
ତମର ଆଗ୍ରହ ଦ୍ୱାରା ପୂର୍ଣ୍ଣ କରିଦିଅ।
ମୁଁ କ'ଣ ମାଗିଲି ଖୁବ୍ ବେଶୀ ? ତାହାହେଲେ
ଗୋଟିଏ ମୁହୂର୍ତ୍ତ ରଖ ସବୁ ନେଇଯାଅ,
କିନ୍ତୁ ସେ ମୁହୂର୍ତ୍ତେ ଆଦ୍ୟୋଥାରୁ ପ୍ରାନ୍ତ ଯାଏଁ
ତମେ ହିଁ ଆକାଶ ପରି ବ୍ୟାପି ରହିଥାଅ।

ଆକାଶ ଭାବରେ ନୁହେଁ, ଆହୁରି ନିକଟ
ହୁଅ, ମେଘ ପରି ମୋର
ତ୍ରିକାଳରେ ଘୋଟିଯାଅ ଯେପରି ମୁଁ ନିଜକୁ ଛୁଇଁଲେ
ଛୁଇଁବି ମୌସୁମୀବାୟୁ ପରି ତମ ଆର୍ଦ୍ର କଳେବର,
କେଉଁ ଦୂର ସମୁଦ୍ରର ହତାଶା ଭିତରୁ
ଆସିଥିବା ଝଡ଼ ତମ ଦୀର୍ଘନିଃଶ୍ୱାସରେ
ବୋହୁଥିବ, ଚୁପ୍ ହୋଇଯିବ
ହସି ହସି ମୁଁ ନିଜକୁ ଛୁଇଁଦେଲା ପରେ।

ଆଉ ଅନ୍ଧକାର ଥିବା ମୃତ୍ୟୁଯାଏଁ ମୋର
ପରମାୟୁ ଟିକି ଯାଇଥିବ,
ଯେତେଥର ଯେତେଦୂର ଗଲେ ବି ତମର
କୈଶୋରକୁ ସବୁବେଳେ ଫେରି ଆସୁଥିବ।

ତମେ ଆଉ କିଛି ନୁହଁ, ଖାଲି ମୋ ଚାହିଦା
ମୁତାବକ୍ ଘନୀଭୂତ ନୀଳ,
ସବୁ ଅର୍ଦ୍ଧପରିଚିତ ଅପରିଚିତ ଓ
ପରିଚିତ ଆକାଂକ୍ଷାର ନୀଳ ଯୋଗଫଳ ।
ନୀଳ ହେଲ କାହିଁକି ନା ଅଧିକାଂଶ ବେଳେ
ନୀଳ ଶାଢ଼ି ପରିଧାନ ମୋର,
ନୀଳ ହେଉ କାହିଁକି ନା ମୋର ଇଚ୍ଛା ନୁହେଁ
ତମେ ହୁଅ ଅଲଗା ରଙ୍ଗର ।

ମୁଁ କ'ଣ ମାଗିଲି ଖୁବ୍ ବେଶି ? ତାହା ହେଲେ
ଗୋଟିଏ ମୁହୂର୍ତ୍ତ ମଧ୍ୟ ରଖ ନାହିଁ, ସବୁ ନେଇଯାଅ,
ନେଲାବେଳେ କିନ୍ତୁ ମୁହଁ ପୋତ ନାହିଁ, ମତେ
ଥରେ ମାତ୍ର ସିଧା ସିଧା ଚାହଁ ।
ଦେଖ ମୋର ଦୁଃସାହସ ନିର୍ଭୟରେ ଯାହା
ନର୍କ ପରେ ନର୍କ ଡେଇଁଯାଏ
ଓ ଅନ୍ତିମ ନର୍କ ପରେ ତମ ଅପେକ୍ଷାରେ
କଦମ୍ବ ଗଛର ତଳେ ଠିଆ ହୋଇଥାଏ ।

୨୦

ଏ ଦେହ ଭିତର ଖୁବ୍ ନୀରବ ଯେହେତୁ
ଏ ଦେହ ଭିତରେ ଖୁବ୍ କୋଳାହଳ ଅଛି।
ଅସଂଖ୍ୟ ଚିତ୍କାର ଅଛି, କିନ୍ତୁ ପରବର୍ତ୍ତୀ
ଚିତ୍କାରରେ ସବୁବେଳେ ସ୍ତବ୍ଧ ହୋଇଯାଏ
ପୂର୍ବବର୍ତ୍ତୀ ଚିତ୍କାର ଓ ତମ କଥା ପାଇଁ
ଏ ଦେହରେ ଆପେ ଆପେ ଜାଗା ହୋଇଯାଏ।

ଏ ଦେହର ରକ୍ତ ଖୁବ୍ ଶୀତଳ ଯେହେତୁ
ଅସଂଖ୍ୟ ଉତ୍ତାପ ଅଛି ଏ ରକ୍ତ ଭିତରେ।
ପ୍ରତ୍ୟେକ ଉତ୍ତାପ ତା'ର ପୂର୍ବ ଉତ୍ତାପକୁ
ଜାଳିଦିଏ, କାକର ପବନ
କୁଆଡୁ ହଠାତ୍ ଆସେ ଓ ଥରାଇ ଦିଏ
ଅସ୍ଥିମଜ୍ଜା, ଭୂତ ଭବିଷ୍ୟତ ବର୍ତ୍ତମାନ।

ମତେ କ'ଣ ଜଣାଥିଲା ନୀରବତା ତମ
ସ୍ୱର ମତେ ନଶୁଭିବା ଯାଏଁ?
ମତେ କ'ଣ ଜଣାଥିଲା ଶୀତଳତା? ଦିନେ
ଅକସ୍ମାତ୍ ଛୁଇଁଦେଲି ତମର କପାଳ,
ଚନ୍ଦନ ଓ ତୁଷାରର ସମୁଦ୍ର ଭିତରେ
ମୋ ହାତ ଅଟକି ରହିଗଲା କାଳକାଳ।

୨୧

ମୋ ସମଗ୍ର ଅତୀତଠୁଁ ଦୀର୍ଘତର ସାରା
ରାତି ବିତିଗଲା ତମ ବାଟ ଚାହିଁ ଚାହିଁ
କ'ଣ ବା ଭରସା ଥିଲା ? ଏତିକି କେବଳ,
ଫୁଲପରି ସଂକ୍ଷିପ୍ତ ଓ ଅଥୟ ତମର
ପ୍ରତିଶ୍ରୁତି ମିଛ ହେବ ନାହିଁ ।

ସଖୀମାନେ କହିଲେ ଯେ ପ୍ରତିଶ୍ରୁତି ପୂର୍ଣ୍ଣ ହେବା ଆଗୁଁ
ଆକାଶ ଶୋଚନା ପରି ପାଣ୍ଡୁର ଦିଶିବ,
ଖାଇଁଖାଁଇଁ ଧ୍ୱଧ୍ୱାଉଡ଼ି ଏ ନିଷ୍ପିଷ୍ଟ ସମୟର ସବୁ
ନୀରବତା ଚିରିଚାରି ଦେବ ।

ଆତଙ୍କରେ ଚମ ଶୁଷ୍କ ଧୁଡୁଧୁଡୁ ହୋଇଯିବ, ହାଡ଼
କ୍ଲାନ୍ତ ହୋଇ ବଙ୍କା ହୋଇଯିବ,
ମୁଁ ଆମ୍ଭକୁ କାଟିକୁଟି ଛୋଟ କରି ପୁଣି ସେ ସଙ୍କୀର୍ଣ୍ଣ
ସୁଡ଼ଙ୍ଗରେ ଫେରିଯିବ ଯାହା ଏ ଜାଗାରୁ
ଆମ ଘର ଯାଏଁ ଲମ୍ବିଥିବ ।

ଖରା ପୁଣି ଭାଙ୍ଗିଦେବ ବହୁତ ଦିନରୁ
କହିବି କହିବି ବୋଲି ଭାବୁଥିବା କଥାମାନଙ୍କର
ଅଧାଗଢ଼ା ବଜ୍ରପାତ, ବିସ୍ଫୋରଣ ସିନା
ମୋ ତୋଟି ଭିତରେ ହେବ ବାହାରକୁ କେବଳ ଶୁଭିବ
ଘଡ଼ଘଡ଼ କଫ ଶବ୍ଦ କେଉଁ ରୁଗ୍‌ଣା ଦରବୁଢ଼ୀଟିର ।

ତେବେ ଯଦି ଆସ ତେବେ ମୋ' ନୀରବତାର
ପ୍ରତିଧ୍ୱନି କହିବ ଯେ କେତେଦୂର ବାଟ
ଆସି ପୁଣି ଫେରିଗଲି ତମେ ଯେଣୁ ନଥିଲ ଏଠାରେ,
ବର୍ଷ ଆଉ ମାସଙ୍କର ମାପ ଦ୍ୱାରା ମପା ଯାଉଥିବା
ଏକମାତ୍ର ଜୀବନକାଳରେ ।

ଆଉ କି ସତ୍ତ୍ୱ ଛାଡ଼ି ଯିବି ଲୁଚାଚୋରା
ରାତିର ଭିତରେ ଥିବା ଜଙ୍ଗଲର ଏ ଫର୍ଦ୍ଦା ଜାଗାରେ ?
ଆଉ କି ପ୍ରମାଣ ଦେବି ? ଦେବି ବା କାହାକୁ ?
ପ୍ରତିଦିନ ମୋ ଆୟୁଷ ଗଡ଼ିଗଡ଼ି ଯାଏ ଏକ ଅନୁପସ୍ଥିତିରୁ
ଆଉ କେଉଁ ଅନୁପସ୍ଥିତିକୁ,
ଗୋଟିଏ ଅଶ୍ରୁତପୂର୍ବ ଆର୍ତ୍ତନାଦଠାରୁ
ସହସ୍ର ସହସ୍ର ଥର ବିଦାୟ ବିଦାୟ
ଶୁଭୁଥିବା ମୋ ନିଃସଙ୍ଗତାକୁ ।

୨୨

କାଲି ରାତିସାରା ଶୋଇ ନଥିବାରୁ ବୋଧେ
ସକାଳେ ଆକାଶ ଏତେ ଲାଲ୍ ଦିଶୁଅଛି,
ତା'ହେଲେ କାହିଁକି ଆଶ୍ୱାସନା ଦେଲା ଭଳି
ଶୀତଳ ପବନ ମତେ ଛୁଇଁ ଯାଉଅଛି ?

ସେ କ'ଣ ଭରସା ଦେଇ କହୁଛି ଯେ ଅଛି
ନୀଳବର୍ଷ ଉଲ୍ଲାସର ରାତି ମୋ' ଭାଗ୍ୟରେ,
ଏପରି ମୁହୂର୍ତ୍ତଟିଏ ଯେ ମୁଁ ମିଶିଯିବି
ଆପଣା ଆମ୍ଭର ସର୍ବପ୍ରଥମ ହସରେ ?

ବେଶ୍ ସଖୀ କାଲି ଯେଉଁ ସୂର୍ଯ୍ୟ ଉଇଁଥିଲା
ତା'ଠାରୁ ଆଜିର ସୂର୍ଯ୍ୟ କି ଅଲଗା ଦିଶେ।
ଦେଖନୁ ମୟୂର ପର ଠେକାରେ ଖୋସିଛି
ଓ ହସୁଛି– ଯେପରି ସେ ଜଣକ ହିଁ ହସେ !

୨୩

ଶୋଇରହ ଆଉ କିଛିବେଳ ଶୋଇରହ
ଅବିଳମ୍ବେ ଛାୟାଟିଏ ହେବ ଯେଉଁ ବାହୁ ସେ ବାହୁରେ,
ଏକା ଏକା ଖାଲିହାତେ ଯିବା ପୂର୍ବରୁ ମୁଁ
ତମକୁ ଥରଟେ ରଖେଁ ମୋର କର୍ତ୍ତୃତ୍ବରେ

ଥରଟେ ହେଲେ ହେଁ କିଛି
ଗର୍ବ ହେଉ, କିଛି ଗୁପ୍ତ କଥା ରହିଯାଉ,
ତା'ପରେ ପଛକେ କୁନ୍ଥାଟୁଆ ଶବ ମତେ
ଏ ଅମରତ୍ବକୁ ନିର୍ବାସିତ କରିଦେଉ ।

ଆଉ କିଛି ବେଳ ଦେଖେଁ
ଅତୀତକୁ କିଛି କ୍ଷଣ ପରେ
ତାକୁ ଛୁଇଁହେବ ନାହିଁ ଯଦିଓ ସେ ଥିବ
ଛାଇ ପରି ସର୍ବଦା ପାଖରେ ।

ଆଖି ଯଦି ଖୋଲାଥାନ୍ତା
ଚାହିଁ ରହିଥାନ୍ତି ତା'ର ନିର୍ମଳ ପାଣିକୁ,
ଗାଧୋଇ ପଡ଼ନ୍ତି, କେଡ଼େ ସୁନ୍ଦର ଓ କେଡ଼େ
ପବିତ୍ର ମୁଁ ଦିଶନ୍ତି ନିଜକୁ ।

ମୋର ପରିତ୍ରାଣ କ'ଣ
ଏତେ ବଡ଼ କଥା ଯେ ତମକୁ
ଉଠାଇ ଆଣିବି ଟାଣି ମୋର ସମୟର
ଫର୍ଦ୍ଦା ହୋଇ ଆସୁଥିବା ଅନ୍ଧାର ସବୁକୁ?

ଉଠି ପଡ଼ିଲେ ହିଁ ଦିନ ଆଲୁଅରେ ତମେ
ଆମ ସମସ୍ତଙ୍କ ପରି ଦିଶିବ, ତା'ପରେ
ଆଉ କେଉଁ ଭବିଷ୍ୟତ ବାକି ଥିବ ଯେ ମୁଁ
ଆସ୍ଥା ରଖୁଥିବି ତା'ର ଅନିବାର୍ଯ୍ୟତାରେ ?

ଶୋଇରହ ଶୋଇରହ ତମଠୁଁ ପଛକେ
ବେଳକୁ ବେଳ ମୁଁ ହୁଏଁ ଦୂରୁଁ ଦୂରତର,
ଖାଲି ସ୍ମୃତି ଭାବେ ନୁହେଁ, ସଂସାରର ପ୍ରତିଶ୍ରୁତି ହୋଇ
କେଉଁଠି ହେଲେ ହେଁ ଥାଅ ଯିବା ବାଟେ ମୋର ।
ଥାଅ କି ନଥାଅ କିନ୍ତୁ
କେଉଁଠି ହେଲେ ହେଁ ଅଛ ବୋଲି ଲାଗୁଥାଅ,
ମୁଁ ନିଜକୁ ନିଜେ ଚିହ୍ନି ନପାରିଲା ବେଳେ
ମୋର ପରିଚୟ ହୋଇ ମନେ ପଡ଼ୁଥାଅ ।

ମନେ ପଡ଼ୁଥାଅ ସବୁ ଘଟଣା ପୂର୍ବର
ଏକମାତ୍ର ଘଟଣା ଭାବରେ
ଯେତେବେଳେ ମୁଁ ତମକୁ ଚାହୁଁଥିବାବେଳେ
ନିଜକୁ ହିଁ ଚାହୁଁଥିଲି ପ୍ରତି ମୁହୂର୍ତ୍ତରେ ।

କାହାର ମୟୂରଚୂଳ ? କାହାର ବଇଁଶୀ ?
କାହାର ବା କ'ଣ ? କେବଳ ଗୋଟିଏ
ଅଭିନ୍ନ ଭାବରେ ଆମ୍ଭସଚେତନତାରେ
ଜଣା ପଡ଼ୁନଥିଲା ମୁଁ କିଏ ତମେ କିଏ ।

ଶୋଇରହ, ଏଣିକି ତ ତମେ ହେବ ତମେ,
ମୁଁ ମଧ୍ୟ କ୍ରମଶଃ କେଉଁ ମୁଁ ହୋଇଯିବି,
ତମକୁ ପୁନଶ୍ଚ ମୋର ବାହୁରେ ବା ଜୀବନକାଳରେ
ରଖିବା ପୂର୍ବରୁ ଶେଷ ନିଃଶ୍ୱାସ ଛାଡ଼ିବି ।

୨୪

ଜାଣେ ଜାଣେ ଆଜି ରାତି ପାହିବା ମାତ୍ରକେଭଭଭ
ମହାଯୋଗ ଅପବାଦ ଅଛି ମୋ ଭାଗ୍ୟରେ,
ମୋ ବନ୍ଧୁକୁଟୁମ୍ବମାନେ ବସି ରହିଥିବେ
ଦାଣ୍ଡପଟ ବାଡ଼ିପଟ ଦୁଆର ଆଗରେ।

ଦାନ୍ତ ଚିପି ବସିଥିବେ ଚୁପ୍‍ଚାପ୍ ହୋଇ,
ମତେ କିନ୍ତୁ ଜଳଜଳ ଦିଶୁଛି ଭିତରେ
ପାଟି ମେଲା ହୋଇଥିବ, ମତେ ପାଇଲେ ହିଁ
ଗୋଟାପଣେ ଝୁଣିଦେବେ ମୁନିଆ ଦାନ୍ତରେ।

ଭିତରକୁ ଗଲାବେଳେ ଦୁଆର ଆଗୁଳି
ଫଁ ଫଁ ହେବେ କେତେ ଗର୍ଜନ କରିବେ,
ନିଜର ସମସ୍ତ ନାଡ଼ୀ ଭିତରୁ ଗରଳ
ଚିପୁଡ଼ି ସକାଳସାରା ବିଷାକ୍ତ କରିବେ।

ସେମାନେ କଳ୍ପନା କରି ପାରୁଥିବା ପାପ
କି ନଗଣ୍ୟ। ମୁଁ ତ ମୋର ପ୍ରତି ହତାଶାକୁ
ନିଃସଂକୋଚରେ ବିବସନ କରି ଭୁଲିଯାଏ
ଲାଜଲାଜ ହୋଇ ଘୁଞ୍ଚି ଯିବାକୁ ପଛକୁ।

ମୁଁ କ'ଣ ରୋକିନି ମୋର ଉନ୍ମାଦନା ଯେବେ
ଏ ଦେହ ଅଥୟ ହୋଉଥିଲା ଅତୃପ୍ତିରେ ?
ମୁଁ କ'ଣ ଅସଂଖ୍ୟ ଥର ଦୁଆର ମୁହଁରୁ
ଫେରି ଯାଇନାହିଁ ବାଟ ହୁଡ଼ିବା ଭୟରେ ?

ସେତେବେଳେ ମୁଁ ଜାଣିଲି ମୋର ବାରମ୍ବାର
ଜନ୍ମ ହେବା ଓ ମରିବା ଅଦୃଷ୍ଟରେ କିଏ
ପଛେ ପଛେ ଚାଲିଥାଏ, ଲେଉଟି ଚାହିଁଲେ
ପାଣିରେ ଓ ପବନରେ ଲୁଚି ଯାଉଥାଏ,

ପୁଣି ଆପେ ଆପେ ଆସିଯାଏ ଯେତେବେଳେ
ଆତଙ୍କରେ କମ୍ପୁଥାଏ ଅନ୍ତରାତ୍ମା ମୋର,
ସେତେବେଳେ ମୁଁ କିପରି କହିଥାନ୍ତି ତାଙ୍କୁ
ଏ ପାପ ପ୍ରୀତିଠୁଁ ବରଂ ମୃତ୍ୟୁ ଶ୍ରେୟସ୍କର ?

କାହିଁକି ବା କହିଥାନ୍ତି ? ସେତେବେଳେ ତ ମୁଁ
ବୁଝିଲି ଯେ ଇଚ୍ଛା କଲେ ଫିଙ୍ଗି ଦେଇପାରେ
ଜରା ମୃତ୍ୟୁ, ପାପ ପୁଣ୍ୟ ଯାହା ମୋର
ଅସଫଳତାରେ ମତେ ସୀମାବଦ୍ଧ କଲେ ।

କାଲି ସକାଳକୁ ଯେଉଁ ଅପବାଦ ମତେ
ମିଳିବ ତା'ର କି ଅର୍ଥ ଥିବ ମୋ ପାଖରେ ?
ମୁଁ କ'ଣ ମାଗୁଛି କିଛି ସଂସାରଠାରୁ ଯେ
ଉଠ୍‌ବସ୍‌ ହେବି ତା'ର ନିର୍ଦ୍ଦେଶାନୁସାରେ ?
ଯାହା ଯାହା ମୁଁ କରିବି ତାକୁ ଆଜିଠାରୁ
ଆଉ ଜଣେ ସେ କରିଛି ବୋଲି କହୁଥିବ,
ଦିନେ ଆଉ ମୁଁ ନିଶ୍ୱାସ ନେବି ନାହିଁ ବୋଲି
ସେ ବି ଦିନେ ତା'ର ଶେଷ ନିଶ୍ୱାସ ଛାଡ଼ିବ ।

∎

୨୫

କାଲି ମୋର ସ୍ୱାମୀ ମୋର ବାଳ ଝିଙ୍କିଲେ ଓ
ମୁଣ୍ଡକୁ କାନ୍ଥରେ ବାରମ୍ବାର କଟାଡ଼ିଲେ,
ମୁଁ କେଉଁଠି ପୂର୍ବ ରାତି ବିତାଇଲି ତାହା
ସାଫ୍ ସାଫ୍ ମାନିଯିବା ଲାଗି କହୁଥିଲେ।
ବେଶ୍ କିଛି କଷ୍ଟ ହେଲା ବେଶ୍ କିଛି ସମୟ, ତା'ପରେ
ଯେତେବେଳେ ସେ ମୋ ଅଙ୍ଗପ୍ରତ୍ୟଙ୍ଗ ସବୁକୁ
ତନ୍ନ ତନ୍ନ କରି ଦେଖି ବସିଲେ ମୁଁ ଆଉ
କେତେବେଳ ଚାପି ରଖିଥାଆନ୍ତି ହସକୁ?

କହିଲି ହାୟରେ ବିଧି ଏତେ ନିର୍ବୁଦ୍ଧିଆ
ସ୍ୱାମୀ ଲେଖିଥିଲୁ ମୋ' କପାଳେ।
ମୋର ଅବିଶ୍ୱସ୍ତତାର ପ୍ରମାଣ ଖୋଜୁଛି
ଶରୀରରେ, ପୁଣି ଦିନ ବେଳେ।

୨୬

କେତେଦିନ ଯାଏଁ ପକ୍ଷୀ ପ୍ରାୟେ ଉଡ଼ି
	ବସୁଥିଲି ଡାଳୁଁ ଡାଳ
କେଉଁ ଡାଳ ନାଆଁ ଘରଣୀପଣ ତ
	କେଉଁ ଡାଳ ନାଆଁ କୁଳ ।
ଡାଳ ବେଶି ନୁହେଁ ସେଇ ସେଇ ଡାଳେ
	ବାରମ୍ବାର ବସୁଥିଲି,
ଡାଳର ନାଆଁ ମୋ ପରିଚୟ ଥିଲା
	ମୁଁ ନିଜେ କିଛି ନଥିଲି ।
ଯେଉଁଦିନ ଲୋକେ କହିଲେ ମୁଁ କୁଳ
	କଳଙ୍କିନୀ ଦୋଚାରୁଣୀ
ସେଦିନ ହେଲି ମୁଁ ରାଧିକା ରସିକା-
	ମାନଙ୍କର ଶିରୋମଣି ।
ମୁଁ ଦେଖିଲି ମୋର ଅଜାଣତେ ଥିବା
	ହତାଶା ଦୂରେଇ ଯାଏ,
କଞ୍ଚନାନୀତ ପୁଲକରେ ମୋର
	ପ୍ରାଣ ପୁଲକିତ ହୁଏ ।
ସେହି ନ ବୁଝିବା ସାର୍ଥକତାରେ
ସାର୍ଥକ ହେଲି କେତେଦିନ ପରେ !
ଏତେ ଅପଯଶ କେତେ ଜନ୍ମର
	କେତେ ସୁକୃତଫଳ ।
ବାଟ ହୁଡ଼ି ଯେଉଁ ବାଟ ମୁଁ ଧରିଲି
ମୋର ଆଲୋକିତ ଦୁଃସାହସରେ
	ଝଟକେ ବେଳକୁ ବେଳ ।

୭୭

ହେ ଅସ୍ଥିର ମହୁମାଛି, କେତେ ଇଚ୍ଛା ହୁଏ
ତମ ଡେଣା ଭାଙ୍ଗିଦେବି, ତମେ ଆଉ ଚାଲିଯିବ ନାହିଁ,
ତମ ଅପେକ୍ଷାରେ ଥିବା ମହୁର ଆକାଶ
ମେଘାଛନ୍ନ କରିଦେବି କାଳକାଳ ପାଇଁ,

ବିଷ ଦେଇ ମାରିଦେବି ସମସ୍ତଙ୍କୁ- ଯେଉଁମାନେ ତମ
ଆଗ୍ରହରେ ରହିଥାନ୍ତି, ଯେଉଁମାନେ ନିଜର ଅପେକ୍ଷା
ବଖାଣି ବସନ୍ତି ତମ କାନ ପାଖେ ଚାପିଲା ଗଳାରେ,
କିନ୍ତୁ ଯଦି ତମେ ଚାହିଁ ଉଡ଼ିଯିବ କିଛି କ୍ରମିକତା
ନଥିବ ମୋ ସମୟ ବାହାରେ,

ତା' ହେଲେ ସେ କଥା କହ ସାଫ୍ ସାଫ୍ ଓହରି ଯିବାର
ଶୁଶ୍ରୂଷାରେ ତମ ଡେଣା ଯୋଡ଼ଯୋଡ଼ି ଦେବି,
ଆକାଶ ନିର୍ମଳ କରି ଖରା ଟାଣ ହେବା ଆଗୁଁ ନିଜେ
ତମକୁ ଉଡ଼େଇଦେଇ ମୋ ଅନ୍ଧାର ଭିତରୁ ସବୁରି
ଚେହେରା ଓ ସ୍ୱର ପୋଛିଦେବି ।

୨୮

ଦୂରେ ରହ ଦୂରେ ରହ ଶିଖଣ୍ଡଚୂଳିଆ
ହସହସ ସୁନ୍ଦର ପ୍ରେମିକ,
ଏ ବେଳାରେ ଆମ୍ଭା ମୋର ହିଂସ୍ର ଜନ୍ତୁ ପରି
ଶିକାର ଖୋଜୁଛି ବୁଲି ଜଙ୍ଗଲ ଗୋଟାକ ।

କୌଣସି ଶିକାର ନାହିଁ ଜଙ୍ଗଲରେ, ଖାଲି
ଛାଇ ମୋର ପଡ଼ୁ ନପଡ଼ୁଣୁ
ପବନ ବୋବାଳି ଛାଡ଼େ ସତେ ଯେପରି ମୁଁ
ଝୁଣ୍ଟୁଛି ତା' ଘୂର୍ଣ୍ଣିବାୟୁତକ ।

ତମ ପାଇଁ କାନ୍ଦୁନାହିଁ, ତେଣୁ ଏ ଲୁହକୁ
ଆପଣାର କରିନିଅ ନାହିଁ ।
ଏ ମୋର ନିଜର ଭାଷା କେହି ନଥିବାର
ରାତିରେ ନିଜର ସାଙ୍ଗେ କଥା ହେବା ପାଇଁ ।
କୁଆଡ଼େ ନଯାଇ ମଧ୍ୟ ଚାଲି ଚାଲି ହାଲିଆ ହେବାର
ଅବସ୍ଥାରେ କାନ୍ଦିବା ବ୍ୟତୀତ
ମୁଁ କିପରି ବୁଝାନ୍ତି ମୋ' ନିଜକୁ ଯେ ମୁଁ ନୁହେଁ
ଏକାକାର ମୋ ମୃତ୍ୟୁ ସହିତ ?

ମୋ' ଆଡ଼କୁ ଚାହିଁ ନାହିଁ ଗୋଲା ଚନ୍ଦନରେ
ବୋଳା ମୋର ସୁକୁମାର ପ୍ରିୟ,
ନିଜର ସମସ୍ତ ଇଚ୍ଛା ବୋହିକରି ଫେରି ଆସୁଥିବା
ଲୋକ କି ଭୀଷଣ ଦିଶେ ତମେ ଜାଣିନାହଁ ।
ସେ ଖୁବ୍ ଅଥର୍ବ ଦିଶେ, ଖୁବ୍ ହିଂସ୍ର ଦିଶେ,
ଚାହାଣିରେ ଖିନ୍‌ଭିନ୍ କରେ ପବନକୁ,
ସତେ କି ପବନ ଡେଇଁ ଗୁମ୍ଫାରେ ଲୁଚାଇ
ରଖିଛି ତା' ପ୍ରାର୍ଥନା ସବୁକୁ ।

୨୯

ଯେତେବେଳେ ସେ କହିଲେ ମୋର ସୌନ୍ଦର୍ଯ୍ୟର
ପଟାନ୍ତର ନାହିଁ, ପ୍ରାଣ ଥିଲା ଯାଏଁ
ସେ ଭଲ ପାଇବେ ନାହିଁ ଆଉ କାହାରିକୁ
ଜାଣିଥିଲି ସବୁ କଥା ମିଛ ବୋଲି କିନ୍ତୁ
ଶୁଣିଗଲି ଯେପରି ମୁଁ ସତ ମଣୁଥିଲି
ଯାହା ଯାହା କହୁଥିଲେ ପ୍ରତ୍ୟେକ କଥାକୁ
(ସେ ପର୍ଯ୍ୟନ୍ତ ତାଙ୍କୁ ଜଣା ନଥିଲା କିପରି
କଥା କହି ହୁଏ କିଛି ନକହି କାହାକୁ ।)

କ୍ଷଣକ ପାଇଁ ମୁଁ ଅନୁଭବ କରିଥିଲି
ତାରାମାନେ ଝିଲ୍‌ମିଲ୍ କରୁଥିଲେ ମୋର
ଛାତି ତଳେ, କୁଳୁକୁଳୁ ହୋଇ
ପ୍ରତ୍ୟେକ ଅତଳତଳ ଶିରା ପ୍ରଶିରାର
ବାଷ୍ପରୁଦ୍ଧ ବାଲି ଆଉ କାଦୁଅ ଉପରେ
ରକ୍ତ ପରି ବୋହୁଥିଲା ନଈ,
ତୋଫା ଚନ୍ଦ୍ର କିରଣରେ ଲମ୍ଭି ଯାଉଥିଲା
ପରମାୟୁ ଦିଗ୍‌ବଳୟ ଡେଇଁ ।

କ୍ଷଣକ ପାଇଁ। ମୁଁ ପୁଣି କ୍ଷଣକ ଉଭାରେ
ବୁଡ଼ିଗଲି ସେ ବି ଦିନେ ନିଜକୁ କହିବେ
କେତେ କ'ଣ ଅନ୍ୟ କେହି ନଥିବା ସମୟେ,
ସେ ବି ଦିନେ ସବୁଥରୁ ଫେରି ଆସିବେ ଓ
ଦେଖିବେ କେଉଁଠି କିଏ ନାହିଁ ଯେତେବେଳେ
ନିଜ ଭାଗ୍ୟ ମରିସାରି ଠିଆ ହୋଇଥାଏ,
ସେ ବି ମୁଣ୍ଡ ପୋତି ପୋତି ଆଗେଇ ଚାଲିବେ
ସର୍ବଶେଷ ଆମ୍ଭହତ୍ୟା ଯାଏଁ।

୩୦

ସେ ରାତି ମୋ ମନ ଅଛି ଯେତେବେଳେ ତମେ
ଚୁପଚାପ୍ ଏକୁଟିଆ ଠିଆ ହୋଇଥିଲ,
ଏପରି ଭାବରେ ଚାହିଁଥିଲ ଅନ୍ଧାରକୁ
ଯେପରି ଦେଖିବା ପାଇଁ କିଛି ନଥିଲା କି
କିଛି ଦିଶୁ ନଥିଲା ତମକୁ,
ଯେପରି ତମର ପରମାୟୁର ଅନ୍ତିମ
ଦିନ ବିତିଗଲା। କିନ୍ତୁ ତମେ ମରିନାହଁ,
ଯେପରି ବଞ୍ଚିବା ନାହିଁ କି ମରିବା ନାହିଁ
କିଛି ନାହିଁ ଏଣିକି ଆଗକୁ ।

ସେତେବେଳେ ମୁଁ ତମର ପଛଆଡ଼େ ଥାଇ
ଭାବୁଥିଲି ମନକୁ ମନକୁ,
ଆଉ କିଏ ଡାକି ଧରି ଆଉଁସି ଦେବ ମୋ
ନଥିବାପଣର ରକ୍ତମାଂସ ଶରୀରକୁ ?

୩୧

ମୁଁ ତମକୁ ଦିନ ଦିନ ରାତି ରାତି ଚାହିଁ ରହେ କିନ୍ତୁ
ତମେ ଜମା ଦେଖାଦିଅ ନାହିଁ ।
ମୋ ଚାହିଁ ରହିବା କ'ଣ ? ନାନା ଚଞ୍ଚଳତା
ପୂର୍ଣ୍ଣ ଚାହିଁ ରହିବାରେ ତମେ ପୂରାପୂରି
ରହିବାକୁ ଏତେ ଜାଗା କାହିଁ ?

ଯେତେବେଳେ ବା ଦିଶୁଛ ତମ ଚେହେରାର
ଅର୍ଦ୍ଧାଧିକ ରହେ ଦୃଷ୍ଟି ବହିର୍ଭୂତ ହୋଇ,
ଯାହା ଦିଶେ ତାହା ବି ମୋ ଅଶାନ୍ତିପ୍ରସୂତ
ନାନା ଦୃଶ୍ୟ ନାନା ସ୍ମୃତି ନାନା ଆକାଂକ୍ଷାରେ
ଆଚ୍ଛାଦିତ ହୋଇ ସ୍ପଷ୍ଟ ଦେଖାଯାଏ ନାହିଁ,

ବା ଦିଶୁଚି ହଳଚଳ ପାଣିରେ ଯେପରି
କୂଳେ ଥିବା ଗଛଙ୍କର ଛାଇ ।
ଗୋଟିଏ ନାଁଆଁର ରୂପ ଦିଶିବା ମାତ୍ରକେ
ଅନ୍ୟ ଏକ ନାଁଆଁ ଥିବା ଅନ୍ୟ ରୂପଟିଏ
ସେ ଜାଗାରେ ଦିଶେ ଏକମାତ୍ର ରୂପ ହୋଇ ।
ଗୋଟିଏ ରୂପକୁ ମଧ୍ୟ ଆପଣାର କରିବା ଭାଜନ
ଏତେକାଳ ଧରି ହେଲି ନାହିଁ ।

ଆଉ କେତେକାଳ ବାକି ଅଛି ଯେ ଭାବିବି
ତମେ ଯାହା ସେପରି ଭାବରେ
ଦିନେ ଆସି ପହଞ୍ଚିବ ମୋ ପରମାୟୁର
ଆଉ କେହି ନଥିବା ବେଳରେ ?

୩୨

କେହି ଛୁଇଁନାହୁଁ କାହାକୁ, ପଦେ ବି
କଥା କହିନାହୁଁ କେହି,
କିଏ ସେ ପରତେ ଯିବ ଯେ ଏପରି
ସାରା ରାତି ଗଲା ପାହି ?
ଆଗରୁ ତମକୁ ଯାହା ଜାଣିଥିଲି
ତମେ ଖାଲି ତାହା ନୁହଁ,
ତମେ ଅଶରୀରୀ, ଅଥଚ ମୋ ପାଖେ
ସବୁବେଳେ ରହିଥାଅ।
କେତେ ରୂପେ ଦିଶୁଥାଅ,
ମୋ ଦାସାନୁଦାସ କେବେ ତ କେବେ ମୋ
ସଂହାରକାରୀ ହୁଅ।

ତମେ ନୀଳକଇଁ ରଙ୍ଗର ଛୁରୀ,
ମତେ ଚିରି ଦେଇଯାଅ,
ଚାହିଁଲା ବେଳକୁ ମୁଁ ନୁହେଁ ତମେ ହିଁ
ରକ୍ତରେ ବୁଡ଼ିଥାଅ,
ଆହା କରୁ କରୁ ହସି ହସି ତମେ
ମୋ ବାଟ ଆଗୁଳି ବସ,
ନ ଚାହିଁବି ବୋଲି ଆଖି ବୁଜି ଦେଲେ
ହୃଦୟ ଭିତରେ ଦିଶ।

ନ ଶୁଣିବି ବୋଲି ସ୍ୱର
କାନ ରୁନ୍ଧି ଦେଲେ ତମେ ଅଭିଳାଷ
ପାଲଟି ଅଥଳ କର ।
ରାତିରେ ତମକୁ ମୁଁ ଛୁଇଁଲି ନାହିଁ,
କାଲେ ଛୁଇଁଦେବା ପରେ
ତମେ ଯେଉଁ ପାଣି ଯେଉଁ ପବନ ମୁଁ
ମିଶିଯିବି ତା' ଭିତରେ,
କାଲେ ଜନ୍ମ ଜନ୍ମ ତମକୁ ଲୋଡ଼ିବା
କର୍ମଫଳ ସରିଯିବ,
କାଲେ ମୋ ଚେତନା ବାହାରେ ତମର
କେଉଁ ରୂପ ରହିଯିବ ।
ପ୍ରାଣ ଯାଉ, ପ୍ରାଣ ରହୁ,
ପାଇ ନ ପାଇବା ନ ପାଇ ପାଇବା
ଦୁଃଖ ସୁଖ ଲାଗିଥାଉ ।

୩୩

ରାତି ପାହି ଆସିଲାଣି, ଏଥର ମୁଁ ଯାଏଁ,
ଏଥର ତମେ ବି ଯାଆ, ଏଣିକି ମନ ତ
ବିଭିନ୍ନ ଅନ୍ଧାର ଦ୍ୱାରା ଆଲୋକିତ ହେବ,
କେବେ ଅଭିନ୍ନତା ଥିଲା ସମୟ ନଥିଲା
ସେ କଥା ସମୟକ୍ରମେ ଭୁଲି ହୋଇଯିବ ।

ଦିନ ଆଲୁଅରେ ଏବେ ଆମର ବିଚ୍ଛେଦ
ଜଳଜଳ ଦେଖାଯିବ, ନାନାଦି ଭ୍ରାନ୍ତିର
ଶ୍ୟାମଳ ଭୂଭାଗ ଦେଖାଯିବ ଧୀରେ ଧୀରେ,
ଏକ ପରେ ଅନ୍ୟ ଏକ ଗଛର ସର୍ବୋଚ
ଡାଳୁଁ ଡାଳ ଉଡ଼ି ଆବିଷ୍କାର କରୁଥିବି
ଯେତେ ଯେତେ ବିଫଳତା ଥିବ ମୋ ଭାଗ୍ୟରେ ।

ମୋ ନିର୍ବାସନର ଦୀର୍ଘ ଦିନବେଳ୍ୟାକ
ଭାବୁଥିବି ସମୟାନୁକ୍ରମେ ମୁଁ କେବଳ
ଦୂରକୁ ଦୂରକୁ ସିନା ଚାଲି ଯାଉଥିବି,
ଦିନେ ତ ପହଞ୍ଚିଯିବି ଏତେ ଦୂରରେ ଯେ
ସବୁ ବୁଦ୍ଧିବୃତ୍ତି ଠୁଳକରି ଭାବିଲେ ବି
ତମ ରୂପ ଆଉ କ'ଣ ଭାବି ପାରୁଥିବି ?

ମୋ ସାମର୍ଥ୍ୟ ଅନୁଯାୟୀ ସବୁ କଳ୍ପନା ଓ
ସବୁ ଭାଷା ବ୍ୟବହାର କଲେ ବି କ୍ରମଶଃ
ତମେ ଦୂରତର ହେଉଥିବା ଦେଖୁଥିବି,
ତା' ପରେ ମୁଁ ଆତଙ୍କରେ ତମକୁ ଭାବିବା
ବା ବର୍ଣ୍ଣନା କରିବାର ଦୁଃସାହସ ଛାଡ଼ି
ନାନାଦି ମୃତ୍ୟୁରେ ନିରୁଦ୍ଦିଷ୍ଟ ହୋଇଯିବି।

ସେ ସବୁ ମୃତ୍ୟୁକୁ କିଏ ଗଢ଼ିଛି ? ତମେ ହିଁ
ନିଜକୁ ବିଭକ୍ତ କରି ନାନା ମୁହୂର୍ତ୍ତରେ
ସଭିଙ୍କ ଭାଗ୍ୟରେ କିଛି କିଛି ରଖିଯାଅ,
ସଭିଏଁ ତମକୁ ଖାଲି ସେତିକି ମାତ୍ର
ଭାବୁଥିଲା ବେଳେ ତମେ ଶୂନ୍ୟତା ପାଲଟି
ସଭିଙ୍କ ଭାଗ୍ୟରୁ ସେତିକି ବି ନେଇଯାଅ।

କାହିଁକି ଏ ସବୁ କଲ ? ନା ତମେ ଭାବୁଛ
ଉଭା ହେବ ସମୁଦାୟ ଲାବଣ୍ୟ ସହିତ
ଦିନେ ସର୍ବଶେଷ ନିଷ୍ପଳତାର ସୀମାରେ ?
ଓଦାଓଦା ଆଖି ଆଉ ହସହସ ମୁହଁ
ଚାହିଁଲା ମାତ୍ରକେ ଭୁଲି ହୋଇ ଯାଉଥିବ
ଜୀବନଯାକର ଦୁଃଖ ପଲକପାତରେ ?

ଏତେକାଳ ଅଗୋଚର ଅଥଚ ସର୍ବଦା
ଅପରିବର୍ତ୍ତିତ ଅଭିକ୍ଷତା ହୋଇ କରି
ତମେ କ'ଣ ଇତିହାସ ସାରା ଦେଖାଯିବ ?
ଖାଲି ମୁଁ ନିଜକୁ ସତ ନମଣିବା ଯାଏଁ
ସନ୍ଦେହଜନକ ପରିତ୍ରାଣ ହୋଇ ମତେ
ପ୍ରତି ମୁହୂର୍ତ୍ତରେ ଦଣ୍ଡ ଦେଇ ଚାଲିଥିବ ?

ତମକୁ ନଭାବି ଯଦି ରହି ପାରୁଥାନ୍ତି
ତେବେ କ'ଣ କେଉଁ ଅଲକ୍ଷିତ କେନ୍ଦ୍ରବିନ୍ଦୁ
ଚତୁଃପାର୍ଶ୍ୱେ ଘୂରୁଥାନ୍ତି ଏପରି ଭାବରେ ?
ତମେ କ'ଣ ଉପସ୍ଥିତ ନୁହଁ ଯେତେବେଳେ
ତମର ଅନୁପସ୍ଥିତି ବ୍ୟାପି ରହିଥାଏ
ଅଚେତନ ସମୟର ଦିଗ୍‌ବିଦିଗରେ ?

ସବୁ କାରଣର ପୂର୍ବବର୍ତ୍ତୀ ପରିଣାମ
ଭାବେ ସବୁବେଳେ ଥିବ, କେବେ ତ ତମକୁ
ଭେଟିବି, କେବେ ତ ମିଛିମିଛିକା ଦିନର
ଆଲୁଅ ଲିଭିବା ପରେ ଦେଖିବି ଯେ ତମେ
ନିଜ ଅନ୍ତରାତ୍ମା ଛନ୍ଦି ମୋ ଅନ୍ତରାତ୍ମାରେ
ମତେ ନିଜ ଚେତନାରେ ପରିଣତ କର।

ସେତିକି ବୁଝିବା ମାତ୍ରେ କେବେ ଦମ୍ଭ ଆସେ।
ସବୁ ଅସଂଲଗ୍ନ ଭାବ କଟିଯାଇ ଲାଗେ
ଆଗକୁ ଆଗକୁ ଗଲାବେଳେ ପ୍ରକୃତରେ
ମୁଁ ଫେରିଆସୁଛି, ଆଦୌ ହତାଶା ନଥିବା
ମୋ ହୃଦୟ କୃଷ୍ଣ କୃଷ୍ଣ ଡାକିବା ମାତ୍ରକେ
ତମେ ଦେଖାଯିବ ତମେ ନଥିବା ଜାଗାରେ।

୩୪

ସେ ଦିନେ ପିନ୍ଧାଇ ଦେଲେ ଆଙ୍ଗୁଠିରେ ମୋର
ମୁଦିଟିଏ । ତାକୁ କାଢିଦେଲି,
ଲେଉଟାଇ ଦେଇ ତାଙ୍କୁ କହିଲି ମୁଁ କ'ଣ
ପନ୍ୟୀ ପରି ତମକୁ ଦିଶିଲି ?

ସେ କିଛି କହିଲେ ନାହିଁ, ଖାଲି ଆଖି ବୁଜି
ନିଜ ମୁହଁ ଗୁଞ୍ଜି ଦେଲେ ମୋ ଛାତି ଭିତରେ,
ମୁଁ ବୁଝିଲି ମୋର ସାରା ପରମାୟୁକୁ ସେ
ସୁଶୋଭିତ କରିଦେଲେ ଦୀର୍ଘନିଃଶ୍ୱାସରେ ।

୩୫

ଯାଅ ଯାଅ ମୋ ଦୁଆରୁ ଯାଅ।

ତମେ ରହିଥିବା ଯାଏଁ ମୁଁ ତମର ହସଖଣ୍ଡଏ ଧରି
ଖରାବର୍ଷା ଜରାମୃତ୍ୟୁ ସବୁ ଭୁଲିଯାଇ
ଭାସି ଭାସି ଯାଉଥିବି, କାଳକାଳ ଭାସିବା ପରେ ବି
ମୁଁ ଜାଣିଛି ତମ ସଙ୍ଗେ ଭେଟ ହେବ ନାହିଁ।

ତମେ ରହିଥିବା ଯାଏଁ ଲାଗୁଥିବ ମୋର
ଭାଗ୍ୟ ଅଛି, ଦିନେ ରକ୍ତମାଂସର ଦେହରେ
ତମେ ଆସି ପହଞ୍ଚିବ ଭବିଷ୍ୟତବାଣୀ
ଧରି ମୋର ରକ୍ତମାଂସ ଦେହର ଦୁଆରେ ।

ଲାଗୁଥ୍ବ ମୋର ସବୁ ଲୋଡ଼ିବାର, ସବୁ ଅପେକ୍ଷାର
ଅର୍ଥ ଅଛି, ଆଜି ନହେଲେ ବି
କେଉଁଦିନ ସର୍ବଶେଷ ଦିଗ୍‌ବଳୟରେ,
ତମ ବାଟ ଆଗୁଲି ମୁଁ ଠିଆ ହୋଇଯିବି।

ସେତେବେଳେ ମତେ ଯାହା ଭଲଲାଗେ ସବୁ କିଛି ଥିବ,
ତମେ ଦେଖା ଯାଉଥିବ ମୋ ନିଜର ଇଚ୍ଛା ଅନୁଯାୟୀ,
ମୁଁ ଚାହିଁବା ମାତ୍ରେ ଜହ୍ନ ଉଇଁବ ଓ ବୁଡ଼ିଯିବ ଯେବେ
ଜହ୍ନ କିଛି ଦେଖୁ ବୋଲି ମୁଁ ଚାହିଁବି ନାହିଁ।

ଯାଅ ଯାଅ ମୋ ଦୁଆରୁ ତମେ ଏଠି ରହିଲେ ତମକୁ
ଲୋଡ଼ିବାର ଦିନ ଥିବ ରାତି ଥିବ ବୟସ ବି ଥିବ,
ଖରା ଧାଁସ ମରିବାର ଧାଁସ ବାଜି ତମ
ଚିଉଟୋରା ନିରାକାର ମୁହଁ ଶୁଖିଯିବ ।

୩୬

ଜାଣିଥିଲି ତମେ ଦିନେ ଚୁପ୍ ହୋଇଯିବ,
ହଠାତ୍ ଦିନେ ତମେ ଆଉ ହସିବନି, ଆମକୁ ଦେଖିଲେ
ଅଚିହ୍ନା ବାରିବ, ନିଜେ ରହିଥିବା
ଗାଆଁ ଓ ସହର ସବୁ ହଠାତ୍ ଦିନେ ଚିହ୍ନ ପାରିବନି,
ଆମର ନିର୍ଭୟ ହୋଇ ଇତିହାସ ବାହାରେ ବୁଲିବା
ଦିନ ଆଉ ମନେ ପଡ଼ିବନି ।

ସେତେବେଳେ ଚୁପ୍ ରହିଲେ ବି
ଦୁନିଆଁକୁ କେତେଜଣ କହୁଥିଲୁ ଦୁନିଆଁ କାହିଁକି,
ଆକାଶ ମୟୂର ଏବଂ ରାଶି ରାଶି ବାଲି
ସଭିଙ୍କୁ କେତେ ଯେ କ'ଣ କହୁଥିଲୁ, ଆମେ ହିଁ ରାତିକୁ
ପୁଣି ଆଶା କରିବାକୁ ଶିଖାଇଲୁ, ବହୁତ କାଳରୁ
ନିଶ୍ଚିହ୍ନ ରାସ୍ତାକୁ ଆଜ୍ଞା ଦେଲୁ ଚଳପ୍ରଚଳ ହେବାକୁ ।

ସେତେବେଳେ ଲାଗୁଥିଲା ଯତ୍ ସାମାନ୍ୟ ଅସ୍ୱୀକାର ପରେ,
ଇତସ୍ତତଃ ପୃଥିବୀକୁ ଯତ୍ସାମାନ୍ୟ ସଜଡ଼ା ସଜଡ଼ି
କଲାପରେ, ଯତ୍ ସାମାନ୍ୟ ରକ୍ତପାତ ପରେ
ଏ ଅଣନିଃଶ୍ୱାସୀପଣ କଟିଯିବ, ମରିବା ପର୍ଯ୍ୟନ୍ତ
ଯାଇ ହେବ ହସି ହସି, ବିନା ଆତଙ୍କରେ ।

ସେପରି ଦିନ ତ କେବେଁ ରହେ ନାହିଁ, ମୋର ମଧ୍ୟ ନାହିଁ ।
ଦେଖୁନାହଁ ମୁଁ କିପରି ମୋର ଅନ୍ତଃସାରଶୂନ୍ୟ ଦିନ
ସ୍ୱପ୍ନରେ ବୁଲିଲା ପରି ଖାଲି ବୁଲୁଥାଏ,
କିଛି ମିଳିବାର ନାହିଁ ଜାଣି ସୁଦ୍ଧା ନିତି
ନିଦ ବାଉଳାରେ କେତେକଣ ଖୋଜୁଥାଏ ?

ଦେଖୁନାହଁ ମୁଁ କିପରି ମୋର ଭସ୍ମସାତ୍‌
ଭବିଷ୍ୟତ ନୀଳବର୍ଷ କରି ସାରି ତାକୁ
ଚନ୍ଦନରେ ଚିତ୍ର କରେ, କୋଳାଗ୍ରତ କରେ ?
ଦେଖୁନାହଁ ମୁଁ କିପରି ହସେ କାନ୍ଦେ ରାଗେ ରୁଷେ ଆଉ
ସବୁ ରାଗରୁଷା ଛାଡ଼ି ଆଖି ବୁଜି ମିଶି ଯାଉଅଛି
କପୋଳକଳ୍ପିତ ବାହୁବନ୍ଧନ ଭିତରେ ?

ତମେ କିନ୍ତୁ ଚୁପ୍‌ ହେବ, ଆପଣା ସମେତ
ସବୁ କିଛି ଅସତ୍ୟ ମାଣିବ,
ପୁଣି କେଉଁ ଦୁଃଖ କିମ୍ଵା ପୁଣି କେଉଁ ଖେଳ
ଭିତରେ ହଠାତ୍‌ ଦିନେ ସନ୍ଧ୍ୟାଟିଏ ସର୍ଜନା କରିବ,
ଯାହା କିଛି ଥିବ ତା'ର ସବୁ ଇତିବୃତ୍ତ
ନିଶ୍ଚିହ୍ନ କରିବ ଘୋର ଅନ୍ଧାର ଭିତରେ,
ନିଃଶବ୍ଦ କରିବ ସବୁ ଶବ୍ଦ, ନିଜେ ହିଁ ରହିବ
ଅଧା ମୃତ୍ୟୁ ଅଧା ଜୀବନରେ ।

ମୁଁ କିନ୍ତୁ ମରିବା ପରେ ସମ୍ପୂର୍ଣ୍ଣ ଭାବରେ
ମରିଯିବି, ଜୀଇଁଥିବା ଯାଏଁ
ବେଳ କାହିଁ ? ତମେ ଯଦି ପ୍ରହେଳିକା ହୁଅ
ତା'ହେଲେ ବି କ'ଣ ହେଲା ? ବେଶଭୂଷା ହୋଇ ଥରେ ଘରୁ
ବାହାରି ଆସିବା ପରେ ଆଉ କେତେବେଳ ଥିବ ଯେ ମୁଁ
ଫେରିଯିବି ମୋର ଶେଷ ନିଃଶ୍ୱାସ ପାଖରୁ ?

୩୭

ଯେତେଥର ମୁଁ ପହଞ୍ଚେ ତମ ନିକଟରେ
ସେତେଥର ଆପେ ଆପେ ଚୁପ୍ ହୋଇଯାଏ
କେଉଁ ଶବ୍ଦ ପଇଟିବ ମନ ଯେତେବେଳେ'
ପ୍ରତ୍ୟେକ ଶବ୍ଦାର୍ଥ ସାଙ୍ଗେ ମିଶି ସାରିଥାଏ,
ଯେତେବେଳେ ଆଉ କିଛି ଆକୃତିରେ କିଛି
ଅର୍ଥ ରହେ ନାହିଁ, ଯେତେବେଳେ ପ୍ରତି
ଆକୃତି ଅନ୍ୟାନ୍ୟ ସବୁ ଆକୃତି ସଦୃଶ
ଦେଖାଯାଏ, ଯେତେବେଳେ ଫୁଲ
ନରହି କେବଳ ରହେ ସୁବାସ ଫୁଲର
ଓ ସୁବାସ କ୍ରମେ କ୍ରମେ ରଙ୍ଗଟିଏ ହୋଇ
ଅନ୍ୟ ସବୁ ରଙ୍ଗ ସାଙ୍ଗେ ହୁଏ ଏକାକାର ?

ଯେତେଥର ମୁଁ ପହଞ୍ଚେ ତମ ନିକଟରେ
ସେତେଥର ଲାଗେ ହାୱା ପରି ମୁଁ ଉଶ୍ୱାସ,
ଦେହର ଓଜନ ନାହିଁ, ଓଢ଼ଣା ପରି ମୁଁ
ତାକୁ ବୋହି ଘୂରି ଆସେ ସମଗ୍ର ଆୟୁଷ,

ପାସୋରି ପକାଏ ସବୁ ଗହଳଚହଳ
ଅଥଚ ନିର୍ଜନ ଦିନ, ପରାଧୀନ ରାତି,
ପାସୋରି ପକାଏ ସବୁ ଚିକିଟା ଘଟଣା,
ଚନ୍ଦ୍ର ସୂର୍ଯ୍ୟ ତାରାଙ୍କର ଜନ୍ମ ଓ ମରଣ ।
ମୋ ଆୟାକୁ ଆଉ କାହା ଡାକ ଶୁଭୁନାହିଁ,
ଖାଲି ଯାହା ପ୍ରତିଧ୍ୱନି ପରି ଶୁଭୁଅଛି
ମୋ ନିଜ ଭିତରୁ ଡାକ କେବଳ ମୋ ପାଇଁ ।

ଯେତେଥର ମୁଁ ପହଞ୍ଚେ ତମ ନିକଟରେ
କେବେ କ୍ଲାନ୍ତ ଲାଗେ ନାହିଁ, ଯେପରି ଜମାରୁ
ମୁଁ କୁଆଡେ ଯାଇନାହିଁ, ଯେପରି କଦାପି
ତମେ ଭିନ୍ନ ନଥିଲ ମୋ ଠାରୁ ।
ମୋ ପରି ତମର ମିଛିମିଛିକା ଚେହେରା,
ସେହିପରି ନାନା ରଙ୍ଗ, ଥରକ କାନ୍ଦରେ
ସବୁ ରଙ୍ଗ ଧୋଇ ହୋଇଯାଏ, ମୁଁ ଅଟକି
ରହିଯାଏ ଲୁହଭିଜା ଅନୁପସ୍ଥିତିରେ ।

ତମକୁ କିପରି କହ ବର୍ଣ୍ଣନା କରିବି ?
କିପରି ବର୍ଣ୍ଣନା କରି ହେବ ନିଶାର୍ଦ୍ଧରେ
ଝରଝର ବର୍ଷା ହେବା ପରି ସ୍ମୃତିଟିଏ ?
କିପରି ବର୍ଣ୍ଣନା କରି ହେବ ଜନ୍ମଜନ୍ମ ଧରି ଯେଉଁ
ଆଶା ଆଶାରେ ହିଁ ରହିଯାଏ ?
କେଉଁ ଶବ୍ଦ ଥିବା କେଉଁ ବାକ୍ୟରେ ନିଜକୁ
ବର୍ଣ୍ଣନା କରିବି ଯେବେ ମରିବାର ସ୍ପୃହା ଛାଡ଼ିଦେଲେ
ଅନ୍ୟ ସ୍ପୃହା ନିଜର ନଥାଏ ?

■

୩୮

କେତେବାଟ ଆସିଲିଣି ? ଲାଗୁଛି ଯେପରି
ଏଠାକୁ ଆସିଲି ଉଡ଼ି ଉଡ଼ି ପବନରେ ।
ମୁଁ ହାଟକୁ ଯିବା ବାଟ ଲେଉଟିବା ବାଟ
ପାସୋରି ଅଟକି ରହେ ଏ ନଈ କୂଳରେ
ସତେକି ଏ ନଈକୂଳ ମୋର ସବୁ ଯିବା ଆସିବାର
ଶେଷ ସୀମା, ସତେକି ସଂସାର
ସରିଯାଏ ଯେଉଁଠାରେ ମୋ' ଆଗ୍ରହ ସରେ,
ସତେକି ମୋ ଅତୀତ, ପ୍ରତି ପରିଚିତ
ଆତ୍ମୀୟ ସ୍ୱଜନ, ଜନପଦ ଲୁଚିଗଲେ
ରସାତଳେ, ଚାରିଆଡେ ନିଃଶବ୍ଦ ମୋ ନିଜ
ନିଃଶ୍ୱାସ ଓ ଏ ନଈର କୁଳୁକୁଳୁ ଶବ୍ଦ ଛାଡ଼ିଦେଲେ ।

ତଥାପି ସେ ଆସନ୍ତିନି କାହିଁକି ? ଆଉ ତ
ଅନ୍ତରାୟ ହୋଇ କେହି ନାହିଁ,
ମୁଁ ବସିଛି ମୋର ସବୁ ଅଙ୍ଗୀକାର ଧରି
ସେ ପହଞ୍ଚିବା ମାତ୍ରେ ତାଙ୍କୁ ଦେବା ପାଇଁ ।

କେତେ ପ୍ରତିରୋଧର ମୁଁ ପ୍ରତିରୋଧ କରି
କେତେ ଅନିଦ୍ରାରେ କେତେ ଦୀର୍ଘନିଶ୍ୱାସରେ
କେତେ ନିର୍ନିମେଷ ଚାହିଁ ରହିବାରେ କେତେ
ଚେତନାରେ ଅଚେତନତାରେ
ମୁଁ ତିଆରି କରିଛି ମୋ ଅଙ୍ଗୀକାର କ'ଣ
ସେ ବୁଝୁନାହାଁନ୍ତି? କିୟା ଯଦି ଚାହୁଁଥିବେ
ଆମ ଭେଟ ହେଉ ବୋଲି ଅନ୍ୟ କେଉଁଠାରେ
ସେତିକି ତ କହିଥିଲେ କେତେବେଳୁଁ ଏ ନଈ ଉପରୁ
ଆକାଶ ଉଠାଇ ରଖ୍ ସାରନ୍ତିଣି ସେ ଜାଗା ଉପରେ।

ସେ କିଛି କହନ୍ତି ନାହିଁ କିୟା କହିଥିବେ
ଏଠାରୁ ଅନେକ ଦୂରେ, ଅନ୍ୟ କେଉଁଠାରେ,
କହିଥିବେ ଦିନଦିନ ରାତିରାତି ବର୍ଷବର୍ଷ ଧରି,
ମୁଁ କିପରି ଶୁଣିଥାନ୍ତି? ମତେ କ'ଣ ଜଣାଥିଲା ଯେ ସେ
ଅନ୍ୟ ଜାଗା ବାଛିଥିବେ ମତେ ନ ପଚାରି?

ମୁଁ କ'ଣ କଳ୍ପନା କରିଥିଲି ଯେ ଏଠାକୁ
ନ ଆସି ସେ ରହିଯିବେ ତାରାମାନେ ଝିଲମିଲ୍ ହେଲେ,
ପବନ ଦକ୍ଷିଣ ଦିଗୁଁ ବୋହିଲେ, ମୋ ଯୌବନ ପୁଣି ତା'
ଆରମ୍ଭ ହେବାର ମୁହୂର୍ତ୍ତକୁ ଫେରିଗଲେ,
ଲେଉଟିବି ନାହିଁ ବୋଲି ପ୍ରତିଜ୍ଞା କରି ମୁଁ
ସର୍ବଶେଷ ଥର ପାଇଁ ବାହାରି ଆସିଲେ,
କହିବାକୁ ଥିବା ଏତେ କଥାରେ ଓ ଏତେ
ଆଶାରେ ମୁଁ ଗୋଟାପଣେ ସାଜି ହୋଇଥିଲେ?

ଏବେ ତ ଏ ନଈକୂଳ ଲାଗୁଛି ଯେପରି
ସଂସାର ଆରମ୍ଭ ହୁଏ ସେ କୂଳ ଉଭାରେ।
ଏ କୂଳରେ କିଛି ନାହିଁ, କେବଳ ନିଷ୍ଫଳ
ଦାମ୍ଭିକତା ବ୍ୟାପିଅଛି ଦିଗ୍‌ଦିଗନ୍ତରେ।

ନଈ କେବେ ବଢ଼େ ପୁଣି କେବେ ଶୁଷ୍କଯାଏ,
ପାଣି କେବେ ମାଟିଆ ତ ନୀଳ ଦିଶେ ଅନ୍ୟ ସମୟରେ,
କେତେବେଳେ ଗୋଟାକେତେ ଫୁଲ ଫୁଟିଥାନ୍ତି
ସେଇ ଗୋଟାକେତେ ଗଛମାନଙ୍କ ଡାଲରେ ।
ମତେ କ'ଣ ଜଣାଅଛି ମୋ ସଂକଳ୍ପ ବାହାରକୁ ବାଟ
ଯେ ତାଙ୍କୁ ଭେଟିବି କେଉଁ ପୃଥକ୍ ଜାଗାରେ ?

ଚାହୁଁଚାହୁଁ କାହିଁ କେତେ ବୟସ ହେଲାଣି,
ମୁଁ ତ ଆଉ ଆଗପରି ଦେଖାଯାଉନାହିଁ,
ସେ ଯଦି ସତକୁ ସତ ଆସନ୍ତି ମୁଁ କ'ଣ
ତାଙ୍କୁ ଭେଟିବି ଏ ଜରାଜୀର୍ଣ୍ଣ ରୂପ ନେଇ ?

ଆଉ କେତେ ଦିନ ଅଛି ଯେ ମୁଁ ନୂଆ କରି
ପ୍ରୀତି କରି ବସିବି, ସେ ପ୍ରୀତିରେ ନଥିବ
ମୋ ନିଜର ନିର୍ଦ୍ଧାରିତ ସ୍ଥାନ ଓ ସମୟ
ଲେଶମାତ୍ର ଆଶା ଯେ ମୋ ପ୍ରତି ମୁହୂର୍ତ୍ତର
ଉକ୍ରଣ୍ଠାର ପ୍ରତିଦାନ ପାଇବି ନିଶ୍ଚୟ,
କେହି ନଥିବେ ଓ କିଛି ନଥିବ, ମୁଁ ନିଜେ
ନଥିବି କି ମୋ ଜୀବନବୃତ୍ତାନ୍ତ ନଥିବ,
ସେ ହିଁ ଖାଲି ମହାଶୂନ୍ୟ ପରି ଥିବେ, ସେ ମହାଶୂନ୍ୟରେ
ସତ୍ୟ ଓ ଅସତ୍ୟ ଏକା କଥା ହୋଇଥିବ ?

୩୯

ମୁଁ ବା କ'ଣ ? ଶୂନ୍ୟରେ କେବଳ
କ୍ଷଣେ ଅଛି କ୍ଷଣେ ନାହିଁ ଏପରି ଆଲୋକ,
ଯେତେବେଳେ ଯାହା ଯାହା ଆଲୋକିତ କରେ
ସେତେବେଳେ ତାକୁ ଭାବେ ବ୍ରହ୍ମାଣ୍ଡ ଗୋଟାଏ ।
ତା'ର କହିବିକହିବେ ଅସଂଖ୍ୟ ଥର ମୁଁ
ରହିଯାଏ ଅସଂଖ୍ୟ ଜାଗରେ,
ପରମାୟୁ ବିତିଯାଏ ଶୂନ୍ୟରେ ଅଙ୍କିତ
ଆକୃତିଙ୍କ ଇତିବୃଉ ମନେ ରଖିବାରେ ।

କେତେ କାନ୍ଦମାଡ଼େ ଭାବି ବସିଲେ ଦିନେ ତ
ସବୁ ଚିହ୍ନବର୍ଣ୍ଣ ଲିଭିଯିବ ଏ ଦେହର,
ତା' ପରେ ନଥିବ କିଛି, ନାଁ କି ଚେହେରା
କି ସାମର୍ଥ୍ୟ କଥା କହିବାର।
ତମକୁ ଯଦିବା ଭେଟେ କିପରି କହିବି
ଦେଖ ଦେଖ ମୁଁ ପହଞ୍ଚିଗଲି ?
ତମେ ବା ଦେଖ୍‌ବ କ'ଣ ? ମୁଁ ତ ସେତେବେଳେ
ନଥିବି କି କେବେ ବି ନଥିଲି ।

କେବେ ଯଦି ଫେରିଆସେ ଏଠାକୁ ଅପୂର୍ଣ୍ଣ
ଲୋଡ଼ିବାପଣର ଝଡ଼ ହୋଇ ବୋହିବାକୁ
ପୁଣି ଏହି ମନଗଢ଼ା ପୃଥ୍ବୀର ନାନା
କନ୍ଦିବିକନ୍ଦିରେ ଖୋଜି ବୁଲିବି ତମକୁ ।
ଜନ୍ମ ଜନ୍ମ ବ୍ୟାପିଥିବା ଦୁର୍ଭିକ୍ଷ ଭିତରେ
ନିତି ନିତି ହେଉଥିବି ଆର୍ତ୍ତନାଦଟିଏ,
ମୁଁ ତ ଆଉ ତମେ ନୁହେଁ ଯେ, ମୋର ଲୋଡ଼ିବା
ଥରକର ପ୍ରହେଳିକାରେ ହିଁ ସରିଯାଏ ।

୪୦

ମୁଁ ଜାଣିଛି ତମେ କେଉଁ ଦିଗରୁ ଆସିବ,
ଜହ୍ନ ଆଲୁଅରେ ତୋଫା ହୃଦୟର ପୂର୍ବଦିଗୁଁ ତମେ
ନିଶ୍ଚୟ ଆସିବ, ମୋର ଶେଷ ମୁହୂର୍ତ୍ତ ପର୍ଯ୍ୟନ୍ତ
ବ୍ୟାପିଥିବା ବାଲିଚରସାରା ତମ ଛାଇ ପଡ଼ିଥିବ ।
ମୁଁ ତମର ହାତ ଧରି ନେଇଯିବି ଓ ଦେଖାଇ ଦେବି
ଉଭର ନ ଶୁଭିଥିବା ଗୋଟି ଗୋଟି ବେଳ,
ସେତେବେଳେ କ'ଣ ତମେ ଆସିବ ଆସିବ
ବୋଲି ପଡ଼ୁଥିଲା ଉଠୁଥିଲା ଭୂମଣ୍ଡଳ ?

ସେତେବେଳେ ତ ମୁଁ ତମେ ଆସିବ କି ନାହିଁ
ଭାବି ଘୂରୁଥିଲି ମୋର ଜନ୍ମଗତ ଚେତନା ଗୋଟାକ ।
ତମେ ବା କିପରି ଆସିଥାନ୍ତି ଯେଉଁଠାରେ
ତମେ ନ ଆସିବ ବୋଲି ଏତିକି ଆତଙ୍କ
ଘୋଟିଥିଲା ? ସେତେବେଳେ ତ ମୁଁ
ତମକୁ ମୋ ଚାହିଁବାର ଅଧକରେ ଚାହିଁ ରହିଥିଲି,
ବାକି ଅଧକରେ ନିଜେ ଗଢ଼ିଥିବା ଦିନ ଓ ରାତିକୁ
ନିଜେ ଫାଦିଥିବା ଆଶ୍ୱାସନା ଖୋଜୁଥିଲି ।

ସେତେବେଳେ ତମେ ଦିଶୁ ନଥିଲ ମୁଁ କିନ୍ତୁ
ଭାବୁଥିଲି ତମେ ନିଶ୍ଚେ ଥିବ କେଉଁଠାରେ ।
ହୁଏତ ଚନ୍ଦନଟୋପା ଘେନୁଥିବ, ହୁଏତ କିଏ ସେ
ହଠାତ୍ ପହଞ୍ଚି ଅଟକାଇ ଥାଇପାରେ,
ହୁଏତ ଅସୁସ୍ଥ ହେଲ, ହୁଏତ ହଠାତ୍
ନଈବଢି ଆସିଗଲା, ହୁଏତ ମିଛରେ
ତମକୁ କିଏ ସେ କହିଥିବ ଯେ ମୁଁ ଆଜି
ବାହାରି ପାରିବି ନାହିଁ କୌଣସି ପ୍ରକାରେ ।
ଭାବୁଥିଲି ଡେରି ପଛେ ହେଲେ ହେଉ ତମେ
ଅବଶ୍ୟ ଦିନେ ନା ଦିନେ ଏଠାକୁ ଆସିବ,
ଏତେ ଚାହିଁ ରହିବା କି ମୁଁ ମରିବା ଯାଏଁ
ଖାଲି ଚାହିଁ ରହିବା ହିଁ ହୋଇ ରହିଯିବ ?
ପୁଣି ବେଲେବେଳେ କିନ୍ତୁ ଲାଗୁଥିଲା ତମେ
ଜମାରୁ ଆସିବ ନାହିଁ, ତମେ କ'ଣ ଏ ଜନ୍ମ ପୂର୍ବର
କୌଣସି ଅପରିତୃପ୍ତ ଚାହିଁ ରହିବାରେ
ବିତାଇ ଦେଇଛଁ ସାରା ଆୟୁଷ ନିଜର ?
ତମେ କ'ଣ ଯାହା ଯାହା ଯେତେବେଳେ ଦିଶେ
ତାକୁ ସତ ମଣିଷ କି ମୁଁ ମଣିଲା ପରି ?
ଯାହା ଦିଶୁଥିଲା ତାହା ଆଉ ନ ଦିଶିଲେ
ଦିନରାତି ଖୋଜିଛ କି ମୁଁ ଖୋଜିଲା ପରି ?
ତମର ନିକଟ କ'ଣ ଦୂର କ'ଣ ? ତମେ ତ ସବୁଠୁଁ
ସବୁବେଳେ ରହିଥାଅ ସମାନ ଦୂରରେ,
ନିଜ ସୁଖଦୁଃଖ ନିଜ ଦେହ ବି ଅସ୍ଥାୟୀ
ଉତ୍ତେଜନାଟିଏ ତମ ଉଦାସୀନତାରେ ।

ମୁଁ କିନ୍ତୁ ଜାଣିଛି ତମେ ଏଥର ନିଶ୍ଚୟ
ଆସିବ, ଏଣିକି ଆଉ ତ
ମୋ ଭିତରେ କେହି ନାହିଁ ଯିଏ ଦିନ କାଳ
ହିସାବ କରିବ ଶେଷ ନିଃଶ୍ୱାସ ପର୍ଯ୍ୟନ୍ତ

ଏଣିକି ତମେ ତ କେଉଁ ପୂର୍ବପରିଚିତ
ଆକୃତିବିଶିଷ୍ଟ ନୁହଁ, ତେଣୁ ତୁମେ ଦିଶ କି ନଦିଶ
ମୁଁ ଜାଣେ ଯେ ମୋ କଳ୍ପନାତୀତ କେଉଁ ଏକ
ଆନନ୍ଦ ଭାବରେ ତମେ ମୋ ପାଖକୁ ଆସ।
ପହଞ୍ଚିଗଲାଣି ପ୍ରାୟ ହୃଦୟର ଏଇ
ଏ ଯାଏଁ ଅଜ୍ଞାତ ବିସ୍ତୀର୍ଣ୍ଣତା ସୀମାନ୍ତରେ,
ଆହା ମୁଁ ନ ବୁଝି ପାରି ଜୀବନ ଗୋଟାଏ
କେତେ ରୁଷିଲି ମୋ ଜୀବଜୀବନ ଉପରେ ।

୪୧

ଆସ ମୁଁ ତମକୁ ବେଶ କରିଦିଏଁ ମୋର
ଉପାଦାନମାନଙ୍କରେ, ପ୍ରଥମେ ତମକୁ
ଧୋଇଧାଇ ଦେଇ ମୋର ଚାହିଁ ରହିବାର
ଦୀର୍ଘନିଃଶ୍ୱାସରେ ପୋଛି ଦେବି ଶ୍ରୀଅଙ୍ଗକୁ ।

କାଳ କାଳ ଧରି ଲୋଟୁଥିବା ସାନ୍ତ୍ୱନାର
ଚନ୍ଦନରେ ଗାଲରେ ଓ ଭୁଲତା ଉପରେ
ଲତା କରି ଖଞ୍ଚି ଦେବି ମୋର କାନ୍ଦ କାନ୍ଦ
କୁଙ୍କୁମର ଫୁଲମାଳ ମଞ୍ଝିରେ ମଞ୍ଝିରେ ।

ଆଖିରେ ଲଗାଇ ଦେବି ମୋର ଅନ୍ଧାରର
କଜ୍ଜଳ ଓ ଆଙ୍କିଦେବି ମଞ୍ଝି କପାଳରେ
ଉଜ୍ଜ୍ୱଳ ତିଳକଟିଏ ତମକୁ ଦେଖିବା
ଦିନଠୁଁ ଏ ଯାଏଁ ଶୋଇ ନଥିବା ରକ୍ତରେ ।

ତିଳକ ମଞ୍ଝିରେ ଦେବି ମୋର ଚୂନା ଚୂନା
ଆଶାଙ୍କ ତ୍ରିଭୁଜଟିଏ ଧୂସର ବର୍ଣ୍ଣର,
ମୋ ଚମକି ପଡ଼ିବାର ମାଣିକ୍ୟଖଚିତ
ମୁକୁଟ ପିନ୍ଧାଇ ଦେବି ମୁଣ୍ଡରେ ତମର ।

ମୋର ସବୁ ଲଜ୍ଜାଗୁଣ ସ୍ୱପ୍ନମାନଙ୍କର
ଅଳତା ଲଗାଇ ଦେବି ତମର ପାଦରେ,

ମୁଁ ନ ଦେଇ ପାରିଥିବା ଚୁମାଙ୍କର ମାଳ
ତିଆରି ପିନ୍ଧାଇ ଦେବି ତମର ଗଳାରେ ।

ମୋର ଶିରା ପ୍ରଶିରାରେ ଭିଣା ଝୀନବାସ
ତମକୁ ପିନ୍ଧାଇ ଦେବି, ଏପରି ତମକୁ
ବେଶ କରି ସାରି ଫେରିଯିବି ମୁଁ ଯେଉଁଠୁ
ଆସିଥିଲି ପୁଣି ଥରେ ସେ ନିଷ୍ଫଳତାକୁ ।

୪୨

ତମକୁ ଈଶ୍ୱର ବୋଲି କିଏ କହେ ? ତମେ
ଲବଣୀ ପିତୁଳାଟିଏ, ଆଖିରେ ଆଖିଏ
ଲୁହ ଧରି ଯାଅ ଆସ କର,
କଥା କହୁଁ କହୁଁ ତମେ ରହିଯାଅ ହଠାତ୍, ଯେପରି
ତମ ଗଳା ରୁନ୍ଧି ଦିଏ କେତେ ଶତାଦ୍ଦୀଙ୍କ
ନେପଥ୍ୟରେ ଥିବା ହାହାକାର ।

ସମସ୍ତେ ବାହୁଡ଼ିଯିବା ଉଭାରେ ତମେ ହିଁ
ଅନ୍ଧାରରେ ଠିଆ ହୋଇଥାଅ,
କାହାର ଅଚିହ୍ନା ଲାସ୍ ଧୂଆଧୋଇ କରି
ପୁନଶ୍ଚ ଦରୋଟି କଥା କହିବାକୁ ସାକୁଲାଉ ଥାଅ ।
ରାତି ଦୁଇ ଘଡ଼ି ହେଲେ ମୁରୁକି ମୁରୁକି
ହସୁଥାଅ, ଯେପରି ଶୁଣୁଛ
ତା' ପୂର୍ବରୁ ପ୍ରେମାଳାପ, ଯେପରି ତା' ଦୀର୍ଘନିଃଶ୍ୱାସରେ
ଆପାଦମସ୍ତକ ତମେ ଦୋହଲି ଯାଉଛ ।

କିପରି କାଟିଲ ରାତି ତମେ ଜାଣ,
କିନ୍ତୁ ଭୋର୍ ହେଲେ
ତମେ ଯେ ଈଶ୍ୱର ନୁହଁ ଜଣା ପଡ଼ିଯାଏ
ଥରେ ତମେ ମୁହଁକୁ ଚାହିଁଲେ ।
ଅନିଦ୍ରାରେ ଲାଲ୍ ଆଖି, ଲୁହ ବୋହିବାର
ଚିହ୍ନ ଦିଶେ ଖଣ୍ଡମଣ୍ଡଳରେ,
ତୋଟି ପଡ଼ି ଯାଇଥାଏ ସତେ ଅବା ଚିତ୍କାର କରିଛ
ରାତିସାରା କାହା ବିରୁଦ୍ଧରେ ।

ନିଜ ବିରୁଦ୍ଧରେ କିଏ କେବେହେଁ ଚିତ୍କାର
କରିଲାଣି ? ସୁତରାଂ ହେ ଅଣଇଶ୍ୱର
ତମେ ଯାହା ନୁହଁ ତାହା ତମେ ଅଟ ବୋଲି
ଭାବିଲେ ଭାବନ୍ତୁ ଲୋକେ ଦୁନିଆଁଯାକର,
ମୁଁ ଜାଣିଛି ତମେ ଖୁବ୍
କ୍ରୋଧଜର୍ଜରିତ ଶୋକଜର୍ଜରିତ ହୋଇ
କ୍ରମଶଃ ବୟସ୍କ ହୋଇ ଚାଲିଥିବ, ଶେଷରେ ମୋ ପରି
ଚାଲିଯିବ ସବୁଦିନ ପାଇଁ ।

ଆସ ଆସ ପୋଛିଦିଏଁ ତରାଙ୍କୁ ନୁଆଁଇ
ଆଣି ନପାରିବା ଯୋଗୁଁ ହତୋସାହ ତମ ହୃଦୟରୁ,
ତମ ଭାଗ୍ୟେ ଲେଖାଥିବା ଅସଂଖ୍ୟ ନିଷ୍ଫଳ
ରକ୍ତପାତମାନଙ୍କର ଛିଟିକା ଦେହରୁ ।
ସଚରାଚରରେ କେହି ଫାଶୀ ଦେବାବାଲା
ନାହାନ୍ତି, ଏଥର ଫାଶୀଖୁଣ୍ଟରୁ ଓହ୍ଲାଇ,
ଭୋର୍‌ଭୋର୍ କୁହୁଡ଼ିରେ ବେଶ ବଦଳାଇ
ଗୋପଦାଣ୍ଡେ ପୁଣି ବିଜେ ହୁଅ ।

୪୩

ତମେ ହିଁ ଈଶ୍ୱର କିନ୍ତୁ ଏପରି ଈଶ୍ୱର
ଯାହାଙ୍କ ରାଜତ୍ୱ ସୁରୁ ହେବ ତାଙ୍କ ମରିବାର କାଳକାଳ ପରେ
ବର୍ତ୍ତମାନ ବିରାଜିତ ଈଶ୍ୱରଙ୍କ ରାଜତ୍ୱର ଅବସାନ ପରେ
ବେଳେବେଳେ ଦିନପରି ଅପଳକନେତ୍ର ରାତି ପାହିଯିବା ପରେ
ସର୍ବାଙ୍ଗରେ ପଟି ବାନ୍ଧି ତଥାପି ବି ହସହସ ପୃଥିବୀ ଉପରେ
ପ୍ରତ୍ୟହ ଉଦୟ ହୋଇ ଆସୁଥିବା ସୂର୍ଯ୍ୟ
ସର୍ବଶେଷ ଥର ପାଇଁ ଅସ୍ତହେବା ପରେ
ପ୍ରଥମ ପବିତ୍ର ସନ୍ଧ୍ୟାକାଳେ ଯେତେବେଳେ
ତାରାମାନେ ଫୁଲଙ୍କଠୁଁ ଏତେଦୂରେ ଆଉ
ରହିବା ବିଷମ ମଣି ଆଣିବେ ଓହ୍ଲାଇ
ଖଡ୍ଗ ଓ କୃପାଶଙ୍କର କାକୁତିମିନତି
କାହାରିକୁ ଶୁଣାଯିବ ନାହିଁ
ବହୁ ପୂର୍ବକାଳେ ଧ୍ୱଂସ ହୋଇ ଯାଇଥିବା
ମୁହଁମାନେ ଫୁଟୁଥିବେ କଇଁଫୁଲ ପରି
ତମେ ଠିଆ ହୋଇଥିବ ଜହ୍ନ ଆଲୁଅରେ
ହୃଦକୂଳେ ଦିଗ୍‌ବଳୟ ସାରି ।

ସେଦିନ ସେ ସନ୍ଧ୍ୟାବେଳେ ସେ ରାତି ତା' ପରେ
ସେପରି ଅସଂଖ୍ୟ ଦିନ ସନ୍ଧ୍ୟାବେଳେ ରାତି ଆଉ କିଏ
ସର୍ଜନା କରିବ ଯଦି ତମେ ନୁହଁ ଗଡ଼ଗଡ଼ି ପରି
କ୍ରୋଧଜର୍ଜରିତ ତମେ ସବୁକାଳେ ଅବୁଝା କିଶୋର
ତମ ସ୍ୱର ନିରୁଦ୍ଧିଷ୍ଟ ହୋଇଯିବ କୋଳାହଳ ଭିତରେ ନିଶ୍ଚୟ

ନିରର୍ଥକ ଶବ୍ଦ ଆଉ ବାକ୍ୟମାନଙ୍କର
ପୁଣି ଦିନେ ମିଳିଯିବ
ଆମର ଅପରାଜିତ ଭବିଷ୍ୟତ ଭିତରେ କେଉଁଠି
ଆଉ କିଏ ଯଦି ତମ ନୁହଁ
ମନୁଷ୍ୟମାନଙ୍କ ପରି କାଳକାଳ ଈଶ୍ୱର ତମେ ତ
ଚନ୍ଦ୍ରପରି ଦିନୁଁ ଦିନ ହ୍ରାସ ପାଅ ଅବଶେଷେ ଲୋପ ପାଇଯାଅ
ଚୂଡାନ୍ତ ଅନ୍ଧାରେ ଯେଉଁ ଅନ୍ଧାର ଉଭାରେ
ମୁଁ ଜାଣେ ମୋ ଦେହ ସ୍ପଷ୍ଟ ଦିଶୁଥିବ ଜହ୍ନ ଆଲୁଅରେ
ମୁଁ ଜାଣେ ସର୍ବାଙ୍ଗ ମୋର ଶିହରି ଉଠିବ
ସେତେଥର ଯେତେଥର ଚୁମା ଦେଉଥିବ ।

୪୪

ଆଜିକାଲି ମୁଁ ତମକୁ ବାହୁରେ ବାହୁକୁ
ଛନ୍ଦିକରି ଧରିଥିଲା ବେଳେ
ମନେହୁଏ ତମେ ତମ ଦେହରୁ ବାହାରି
ପହଞ୍ଚି ଯାଇଛ କେଉଁ ଅନାଗତ କାଳେ
ଯେଉଁଠି ଅପରିଚିତ ଓ ସଶଙ୍କ ଲୋକେ ଆକାଶକୁ
ରକ୍ତାକ୍ତ କଲେଣି ନିଜ ନିଜ ଆଶଙ୍କାରେ,
ଯେଉଁଠି କ୍ରନ୍ଦନରୋଳ ବେଳେବେଳେ ଶୁଣା ନଗଲେ ବି
ବାରମ୍ବାର ଲେଉଟୁଛି ଜୁଆର ଭାବରେ।
ମନେ ଦିଏଣ ତମ ମୁହଁ ୫ାଉଁଲି ପଡିଛି,
ସତେ କି କେଉଁଠି କିଛି ଚିହ୍ନବର୍ଣ୍ଣ ନାହିଁ,
ଅସଂଖ୍ୟ ଯୁଗ ଓ ଯୁଗରେ ବ୍ୟାପିଥିବା
ଆଲୁଅ ପବନ ପାଣି ନଥିବା ଅଥର୍ବ
ସମୟରେ ଏକୁଟିଆ ରହିଛ ତମେ ହିଁ।
ଶୋଚନାସର୍ବସ୍ୱ ମନେ ପଡ଼ିବା ତମର
ଆଖିରେ ପାଲଟି ଯାଇ ବୁନ୍ଦାଟିଏ ଟିକ୍‌ଟିକ୍ କରେ।
ମୋ'ଠାରୁ ଲୁଚାଅ ମୁହଁ, ସତେ କି କେବଳ
ତମ ହସହସ ମୁହଁ ମତେ ମୁଗ୍ଧ କରେ।

ଶୁଣ ଶୁଣ ମୋର ମଧ୍ୟ ଦୁଃଖ ଅଛି, ତମ ଦୁଃଖଠାରୁ
ଊଣା କି ଅଧିକ ତାହା କିପରି କହିବି ?
ମୋ ସମୟ ସରିଯିବା ପରେ ଆଉ କେଉଁ
ଉଦ୍ଦେଜନା ବାକିଥିବ ଯେ ମୁଁ ଅକସ୍ମାତ୍

ତମ ନାଆଁ ଶୁଣିଲେ ହିଁ ଚମକି ପଡ଼ିବି ?
ଆଉ କେଉଁ ରକ୍ତମାଂସ ବାକି ଥିବ ଯେ ମୁଁ
ମୋ ରକ୍ତମାଂସକୁ ଜାଣିଶୁଣି ବାରମ୍ବାର
ଲଙ୍ଘିଁ ତମ ବିଶୁଦ୍ଧତାଠାରେ ପହଞ୍ଚିବି ?

ତମ ପାଖେ ପହଞ୍ଚିଲେ ପ୍ରତିଥର ଦିଶେ
ଏ ନଇଁ ଜାଗାରେ ଆଉ ଅନ୍ୟ ନଇଁଟିଏ,
ଆଉ ଅନ୍ୟ ଜହ୍ନଟିଏ ଏ ଜହ୍ନ ଜାଗାରେ,
ପ୍ରତିଥର ମୁଁ ଶିହରି ଠିଆ ହୋଇଥାଏ
ସବୁ ଭିନ୍ନ ଦିଶୁଥିବା କଳ୍ପନା ଆଗରେ ।
ମାଟିରେ ଦିନେ ନା ଦିନେ ମିଳେଇ ଯିବାର
ଅଦୃଷ୍ଟରେ ଆତଙ୍କ କି ଶୋଚନା ନଥାଏ,
ମୁଁ ତମ ପାଖରେ ପହଞ୍ଚିବା ମାତ୍ରକେ ହିଁ
ଅଦୃଷ୍ଟ ତ ପୁରାପୁରି ଭିନ୍ନ ହୋଇଯାଏ ।

ସେତେବେଳେ ଇଚ୍ଛା ହୁଏ ତମେ ରହିଥାନ୍ତ
କାଳ କାଳ ଧରି ମୋର ଅନୁଭୂତି ହୋଇ,
କାଳକାଳ ଧରି ମୋର ସବୁ ଅଶୁଦ୍ଧତା
ଚାଲିଥାଆନ୍ତା ମୁଁ ତୁମକୁ ଛୁଇଁଲେ ହିଁ,
ତମର ଅଭାବସାରା ବ୍ୟାପି ରହିଥାନ୍ତି
ତମ ନିଜ ଇଚ୍ଛାଶକ୍ତି ରୂପେ,
ମୋର ଯେତେକ ଲୁହ ଶୁଖାଇ ଦିଅନ୍ତି
ମୋ ଚୁମାର ସୂର୍ଯ୍ୟ ପରି ପ୍ରଚଣ୍ଡ ଉତ୍ତାପେ ।

ଏସବୁ ଦିନେ ନା ଦିନେ ସରିଯିବ, ତମେ
ରହିଥିବ, ମୁଁ କିନ୍ତୁ ନଥିବି,
ନିଆଁ ପରି କିଛି କାଳ ଜଳି ମୁଁ ତା'ପରେ
ନିଆଁ ପରି ଲିଭି ଯାଇଥିବି,
ଅନନ୍ତ ସମୟଯାଏଁ ଜଳିବା ପାଇଁ ତ

ମୋ ପାଖରେ ସାମଗ୍ରୀର ଅଭାବ ନଥିଲା,
ତମର ପ୍ରତ୍ୟେକ ଦିଗଦିଗନ୍ତ ନଚ୍ଛୁଞ୍ଚିଁ
ମରିବାକୁ କିଏ ଲୋଡ଼ିଥିଲା ?

ଆସ ଆସ ମୁଁ ତମର ଅନ୍ତଃକରଣରେ
ରହିଯାଏ ନଈ ଆଉ ବାୟୁ ହୋଇକରି।
ମୁଁ ନଥିବା ବେଳେ ତମ ଆଖି ଛଳ ଛଳ
ହେବାମାତ୍ରେ ବୋହିଯିବି ଲୁହଧାର ପରି।
ତମ ଦୀର୍ଘଶ୍ୱାସ ହୋଇ ପ୍ରତି ପରବର୍ତ୍ତୀ
ଦୁଃସମୟରେ ମୁଁ ସଞ୍ଚରିଯିବି।
ସ୍ୱପ୍ନର ଅପ୍ରତ୍ୟାଶିତ ଉପାଦାନ ପରି
ତମ ହୃଦୟରେ ତିଷ୍ଠିଥିବି ।

ତମେ ତ ତମ ହତାଶାର ପରିପୂର୍ଣ୍ଣ ରୂପ।
ସବୁବେଳେ ସବୁଠାରେ ମୋର
ବାହୁରେ ତମର ବାହୁ ଛନ୍ଦି ନାଥୁଥିବି
ମୋ' ନାଆଁ ପଛକେ ମନେ ନଥାଉ ତମର।

୪୫

ଥରେ ତମେ ଦିଶିଥିଲ ଯେପରିକି ଜଣ ଜଣ କରି
ଆମ ସଭିଙ୍କର ଆଖି ଭିତରକୁ ଚାହିଁରହିଥିଲ,
ତମର ନୀରବ ଶେଷ କଥା ପଦକରେ
ସମସ୍ତଙ୍କଠାରୁ ଚିର ବିଦାୟ ମାଗିଲ,
ଲେଉଟି ଚାହିଁଲ ନାହିଁ, ପବନ ଓ ଅନ୍ଧାର ପାଲଟି
ପବନ ଓ ଅନ୍ଧାରରେ ଏକା ଚାଲିଗଲ।

ସଭିଏଁ ଭାବିଲୁ ତମେ ସତେ କ'ଣ ଦିନେ
ଆମରି ସହିତ ଥିଲ, ଆମେ ନାରୁଥିଲୁ
ଏ ଦେହରେ ନୁହେଁ ଅନ୍ୟ ଅକ୍ଲାନ୍ତ ଦେହରେ,
ଆମର ଓଢ଼ଣା ତମେ ଟିଙ୍କି ଦେଉଥିଲ
କୋଟି କୋଟି ସୂର୍ଯ୍ୟ ପରି ଉଜ୍ଜ୍ୱଳ ହାତରେ,
ଭିଡ଼ି ନେଉଥିଲ ପଦ୍ମ ପାଖୁଡ଼ାରେ ବୁଜା
ନିର୍ଜନ ଜାଗାକୁ ରଙ୍ଗୀ ଓଠର ହସରେ?

ତା'ପରେ ଦିନ ଓ ରାତି ଯିବା ଆସିବାର
କୋଲାହଳେ ତମ ନାଁ ଶୁଣାଗଲା ନାହିଁ,
ନିଦ୍ରିତ ଅସଂଖ୍ୟ ଆଶା ନିରାଶା ଉଠିଲେ
ହସରେ କାନ୍ଦରେ ନିଜ ଭୂଲୋକ କମ୍ପାଇ,
ତମେ ପାଲଟିଲ ଏକ କିମ୍ୱଦନ୍ତୀ ଯାକୁ
ଗୀତ କରି ବୋଲୁଥିଲେ ଭିକାରୀମାନେ ହିଁ।

ଆଉ କ'ଣ ଘଟିଥାନ୍ତା ? ତମେ ନିଜେ ବି ତ
ଯାଇଥିଲ ଶୂନ୍ୟହସ୍ତ ଭିକାରିଙ୍କ ପରି,
ତମେ ବି ତ ଆସିଥିଲ ଯେପରି ଆମର
ସେପରି ଅକୃତକାର୍ଯ୍ୟ କର୍ମଫଳ ଧରି।

୪୬

ରାତି ତ ଅଧାରୁ ବଳି ପଡ଼ିଲାଣି, ଆଉ
କାନ୍ଦୁଥିବା କେତେବେଳ ଧରି ?
ରାତି ପାହିଲେ ହିଁ ତମେ ତମପରି ଦେଖାଯିବ ଆଉ
ମୁଁ ବି ଦେଖାଯିବି ନିଜପରି ।

ମୁଁ ତ ମରିଯାଇ ନାହିଁ, ତେବେ ଏ ପର୍ଯ୍ୟନ୍ତ
ସଜାଡ଼ିନ କାହିଁକି ମୋ ଅଲଗା ବାଟକୁ ?
କାହିଁକି ଧରିନ ତମ ହାତରେ ମୋ ହାତ,
ଏ ପର୍ଯ୍ୟନ୍ତ ଚାହିଁନ ମୋ ଆଖି ଭିତରକୁ ?

ରାତି ସବୁବେଳେ ଖୁବ୍ ଛୋଟ, ସବୁବେଳେ
ଆମେ ଝୁଣ୍ଟି ପଡ଼ୁ ତା' ସୀମାରେ,
ସ୍ୱପ୍ନ ଦେଖା ନସରୁଣୁ ରକ୍ତର ଜୁଆର
ମାଡ଼ିଯାଏ ଶରୀର ଭିତରେ,

ଆମେ ସବୁ ଗଣି ବସୁ-ଟଙ୍କାକଉଡ଼ି ଓ
ଗାଈ, ଗୋରୁ, ଜୀବନର ଅବଶିଷ୍ଟ ଦିନ,
ଛାତିର ପ୍ରତ୍ୟେକ ଧଡ଼ଧଡ଼ ଆବାଜ ଓ
ଗୋଟି ଗୋଟି ଲୁହ ବୁନ୍ଦାମାନ ।

ଶୁଖୁଁ ଶୁଖୁଁ ଆସୁଥିବା ହାତରେ ଖଣ୍ଡାର
ଛାଇ ଧରି ଆମେ ପବନକୁ
ତୁକୁଡ଼ା ତୁକୁଡ଼ା କରୁଁ, କେହି କାହା କଥା
ଶୁଣିପାରୁନାହିଁ ସକାଳକୁ ।

ତଥାପି କାହିଁକି ସାରା ରାତି କଟିଯିବ
କାନ୍ଦରେ କାନ୍ଦରେ ? ଏ ରାତି ବ୍ୟତୀତ
ଆମେ କ'ଣ ହୋଇଥାନ୍ତୁ ଏକ ଉନ୍ମାଦନା
ନିଜ ବିଳୟରେ ଯାହା ନିଜେ ଉଲ୍ଲସିତ ?

ନିଜକୁ ନିଜକୁ ଦେଲୁଁ ବହୁ ଜନ୍ମ ଆଗୁଁ
ହଜିଥିବା ଅସୀମତା ମାତ୍ର ଥରକର
ସ୍ୱେଚ୍ଛାଚାର ଫଳେ, ଦେଖ ଚିହ୍ନବର୍ଷ ନାହିଁ
ଆମର ଅଲଗା ଭାବେ ରହିବା ଦୁଃଖର ।

ସକାଳ ଆମକୁ ଆମ ଭାଗ୍ୟ ଅନୁସାରେ
ପୁଣି ଭିନ୍ନ ଭିନ୍ନ କରି ତିଆରି କରିବ,
ପୁଣି ଆମ ଶରୀରକୁ ଭିକ ମାଗୁଥିବା
ଦିନକର, ଗୋବରର ଗନ୍ଧ ବାହାରିବ ।

ଆମେ କ'ଣ ଜାଣିବୁ କି ରାତି ପାହିଗଲେ
ଝୁଣ୍ଟିବାକୁ ରକ୍ଷସ୍ୱାନ ହେବାକୁ ପଡ଼ିବ,
ହେଲେ କ'ଣ ହେଲା ? ରାତି କଥା ମନେ ପଡ଼ିଲେ ହିଁ
ଛାଁୟ ଛାଁୟ ସବୁ କଷ୍ଟ ସହି ହୋଇଯିବ ।

୪୭

ସିନ୍ଦୂରା ଫାଟିବା ମାତ୍ରେ ମୁଁ ଲେଉଟି ଆସେ
ପୁଣି ଥରେ ଆଲୁଅର ଆଜ୍ଞାଧୀନ ହୁଏ,
ପୁଣି ଥରେ ସତ ମଣେ ଆକାର ନୀଳବର୍ଣ୍ଣକୁ ଓ
ମୋ ଆଖିକୁ ଯେଉଁ ଯେଉଁ ରଙ୍ଗ ଦିଶୁଥାଏ,
ପୁଣି ଥରେ ମୁଣ୍ଡ ପୋତି ଧୀରେ ଧୀରେ ଚାଲେ,
କିଛି ମନେ ପଡ଼େ ନାହିଁ ସିନ୍ଦୂରା ଫାଟିଲେ ।

ରାତି ହେବା ମାତ୍ରେ ଲାଗେ ସବୁ ମିଛ, କିଛି
ରଙ୍ଗ ନାହିଁ କିଛି ନାହିଁ ସଚରାଚରରେ,
କେତେ ଲକ୍ଷାଧିକ ରାତି ବିତିଲେ ମୁଁ ପହଞ୍ଚିବି ମତେ
ସ୍ୱପ୍ନରେ ବି ଦେଖାଯାଇ ନଥିବା ଭାଗ୍ୟରେ !
ହୃଦୟ ଅଧୈର୍ଯ୍ୟ ହୁଏ, ବେଗେବେଗେ ପାଦ ପଡୁଥାଏ,
ମୁଁ ଚାଲୁ ନଥାଏ, ରାତିସାରା ମୁଁ ଦଉଡୁଥାଏ ।

৪৮

ପବନ ବୋହିବା ବେଳେ
ଗଛରେ ଲଟକିଥିବା ଅଧାଶୁଖା ପତ୍ରଙ୍କ ଭିତରେ
ଜଣାଯାଏ ତମେ ଅବା ମୋ' ପାଖକୁ ଆସ
ଚାଲି ଚାଲି ଯମୁନାର ଆଖୁଏ ପାଣିରେ।

ତମେ ଜମା ଆସ ନାହିଁ।
ତଥାପି କାହିଁକି ସୂର୍ଯ୍ୟ ପଛଆଡେ ଥାଇ
ଇସାରା ଦେଉଛ ରାତି ପାହିଯିବା ପରେ ?
ଆଉ କେତେ ବେଳ ଅଛି ଯେ ଆସିବି ବୋଲି
ନିର୍ଭର ଜବାବ୍ ଦେବି ମୁଁ ବି ଇସାରାରେ ?

୪୯

ତମେ ମୋର ପରମାୟୁ ବାଟେ ଚାଲିଯାଇ
ଅଯଥା ଉଠାଇଦେଲ, ଏତେ ଆଲୁଅରେ
ମୁଁ କିପରି ଶୋଇ ରହିଥାନ୍ତି ଯେପରିକି
ରାତି ଜମା ପାହିନାହିଁ ସଚରାଚରେ ?
ତମକୁ ଚାହିଁବା ମାତ୍ରେ ବୁଝିଲି ଏ ଯାଏଁ
ମୁଁ ଜାଣି ନଥିଲି ମୋର କ'ଣ ପ୍ରୟୋଜନ,
ତମ ସ୍ୱର ଶୁଣାଯିବା ମାତ୍ରେ ବୁଝିଲି କି
ନୀରବତା ମତେ ଘେରି ଥିଲା ଏତେ ଦିନ।

ତମେ ହିଁ ଚିହ୍ନାଇ ଦେଲ ମତେ ମୋର ଆଖି ଆଉ କାନ,
ତମର ଓ ମୋର ଅଗୋଚର
ନାନା ଅଭିଳାଷ, ପୁଣି ମୋ ଭାଗ୍ୟରେ ଥିବା
ଏପରି ଦିନ ଯେ ଯେବେ ଘୋଟିଯିବ ଘୋର ଅନ୍ଧକାର,
ତମେ ଆଉ ଦିଶିବନି, ତମ ସ୍ୱର ଆଉ
ଶୁଭିବନି, ଧୁଡୁଧୁଡୁ ପର୍ଦ୍ଦା ଉହାଡ଼ରେ
ମୁଁ ଶୁଖିଲା ମାଂସପିଣ୍ଡ ହୋଇ କେଉଁ ଦୃଶ୍ୟାନ୍ତର ପାଇଁ
ବସିଥିବି ଧୈର୍ଯ୍ୟ ସହକାରେ।

ଏଣିକି ଏଣିକି ମୋର ଅହର୍ନିଶି କଟେ
ହୃତ୍କମ୍ପରେ, ଦିନ ପରେ ଦିନ
ବିତେ ତମ ବାଟ ଚାହିଁ ଚାହିଁ
ଯଦିଓ ମୁଁ ଜାଣେ ତମେ ଆଉ ଥରେ ମୋର
ପରମାୟୁ ବାଟେ ଯିବ ନାହିଁ।

୫୦

କେଉଁଠାକୁ ଯିବି ? ସବୁଠାରେ
ମୋର ଠିଆ ହେବା ସ୍ଥାନ ଦେଖାଯାଏ ରେଖାଙ୍କିତ ହୋଇ,
ଅନ୍ଧାରରେ ଲୁଚିବାର ସ୍ଥାନ ଦେଖାଯାଏ
ଅନ୍ଧାରରେ ଲୁଚିଯିବି ଭାବି ବସିଲେ ହିଁ ।

ଗଛତଳ ଦେଇଗଲେ ପତ୍ରଙ୍କ ଭିତରେ
ଭୁଟ୍‌ଭାଟ୍‌ କଥାବାର୍ତ୍ତା ଶୁଣେ-
ଉଠ ଉଠ ଜଣେ ଯାଇ ସାରିଛି କି ନାହିଁ
ଆସିଲାଣି ପୁଣି ଆଉ ଜଣେ ।

ପକ୍ଷୀଟିଏ ମୋ ମୁଣ୍ଡକୁ ପ୍ରାୟ ଛୁଁଇ ଦେଇ
ଉପରକୁ ପୁଣି ଉଡ଼ିଯାଏ,
ଘନଘନ କରତାଳି ଧ୍ୱନିରେ ରାତିର
ନିର୍ଜନତା ଫାଟି ପଡ଼ୁଥାଏ ।

ତାରାଙ୍କୁ କହିବି କ'ଣ ? ମୁଁ ତ ସେମାନଙ୍କ
ଉତ୍ତରର ପ୍ରତିଶବ୍ଦ ଜାଣିଛି ଆଗରୁ,
ରୂପ ହେଲେ ବି ନିସ୍ତାର କାହିଁ ? ଶୁଣୁଥିବି
ଶୁଣିବାକୁ ଥିବା କଥା ପବନ ପାଖରୁ ।

ମୋର ଭାଗ୍ୟଫଳ ମୋର ନିଜର ବୋଲି ମୁଁ
କେତେକାଳ ଧରି ଭାବିଥିଲି !
ମୁଁ କିପରି ଜାଣିଥାନ୍ତି ତାକୁ ବି ସଂସାର
ତା'ର କେଉଁ ତାଲିକାରେ ଯୋଡ଼ିଦେବ ବୋଲି ?

ମୃତ୍ୟୁର ଆତଙ୍କଠାରୁ ବଳି ଆତଙ୍କରେ
ମୁଁ ନିଜକୁ ଡେଇଁପଡ଼େ, ଧାଇଁଯାଏ ମୋର ଅତୀତକୁ
ଯେତେବେଳେ ଲାଗୁଥିଲା ତମେ ଜନ୍ମ ହୋଇଛ କେବଳ
ମତେ ଖୋଜିବାକୁ ଏବଂ ମତେ ପାଇବାକୁ ।

୫୧

ସୂର୍ଯ୍ୟ ବୁଡ଼ିଲେଣି କିନ୍ତୁ ଆଉ କିଛି ବେଳ
ଏ ଆକାଶ ଲାଲ୍ ଦିଶୁଥିବ,
କେହି ବଂଶୀ ବଜାଉନି କିନ୍ତୁ ପ୍ରତିଧ୍ୱନି
ଆଉ କିଛି ଦିନ ଶୁଭୁଥିବ,
କେତେଥର ଆସୁଥିବି ଏ ନଈ କୂଳକୁ,
ଫେରୁଥିବି ବେଶୀ ରାତି ହେଲେ,
ସବୁବେଳେ ଲାଗୁଥିବ ଯେପରି କିଏ ସେ
ମୁହୂର୍ତ୍ତକ ଆଗେ ଏଠି ଥିଲେ ।

କିଏସେ ସେ ? ମୁଁ ତାଙ୍କୁ ଭେଟିଛି
କି ଭେଟିନି ମନେ ପଡୁନାହିଁ
କେବଳ ମୋ ରକ୍ତମାଂସ ନଥିବା ଅତୀତ
ଦିଶୁଛି ମୋ ଭବିଷ୍ୟତ ହୋଇ ।

୫୨

କେତେବେଳେ ଆସିଥିଲେ ପୁଣି କେତେବେଳେ
ଯେଉଁ ଗୀତ ଆଉ କେବେ ଶୁଭିବନି ତା'ର
ଧ୍ୱନି ପରି ଚାଲିଗଲେ ଜାଣିପାରିଲିନି ।
ତାଙ୍କୁ ଚାହିଁ ବସିଥିଲି, ଭାବୁଥିଲି ଯେ ସେ
ଆସିବା ମାତ୍ରକେ ତାଙ୍କୁ ଭିଡ଼ି ଧରିବି ମୋ
ବାହୁରେ, କଦାପି ଆଉ ଯିବାକୁ ଦେବିନି ।
ମତେ କ'ଣ ଜଣା ଥିଲା ପବନ ପରି ସେ
ପଲସ୍ତରା ଝାଡ଼ୁଥିବା କାନ୍ଥ ଓ ତୋରଣ
ଛୁଇଁ ଦେଇ ଚାଲିଯିବେ, ନୀଳବର୍ଷ ଜ୍ୟୋତିରେ ଉଜ୍ଜଳ
କରି ଦେଇ ଚାଲିଯିବେ ମୋର ବାସସ୍ଥାନ
ଯେତେବେଳେ ଆଖି ମୋର ଲାଖିଥିବ ହାତରେ ପାଦରେ
ଗଢ଼ା ଅନ୍ତଃସାରଶୂନ୍ୟ ବାଟମାନଙ୍କରେ ?

ଏବେ ତ ବହୁତ ଡେରି ହେଲାଣି, ଏଠାରୁ
ଚାଲିଯାଇ ସାରିବେଣି ଅନେକ କାଳରୁ ।
ସେ ଆସନ୍ତି ଥରେ ମାତ୍ର, ଭେଟିଲେ କୋଳକୁ
ଉଠାଇ ନିଅନ୍ତି କର୍ମଫଳରୁ, ଧୂଳିରୁ ।
ଯଦି ଭେଟ ହୁଏ ନାହିଁ ଦିନ ଜମା କଟେନି, କେବଳ
ବୟସ ହିଁ ବଢୁଥାଏ, ଲୁହ ବୋହୁଥାଏ,
ତାଙ୍କ ପାଖକୁ ତ ନୁହେଁ ମୃତ୍ୟୁରୁ ମୃତ୍ୟୁକୁ
ଏକା ଏକା ଚାଲିବାକୁ ହୁଏ ।

୫୩

ବାଲି ବାଲି ଖାଲି ବାଲି। ବାଲି ପୃଥିବୀର
ଏକରଙ୍ଗୀ ଧୂଳିସାତ୍‌ ଆମ୍ଭା, ଆଉ କ'ଣ ମନେ ଅଛି ତା'ର
ପାଣି ମୁଦେ ମାଗିବାର ଭାଷା ?
ଏଠି ସେଠି ଫିଙ୍ଗିଦିଏ ବୃନ୍ଦାଟିଏ
ବା ଶୃଙ୍ଖଳା ଘାସରୁ କେରାଏ
ସ୍ୱପ୍ନର ପ୍ରମାଣ ଭାବେ, ଯେଉଁ ସ୍ୱପ୍ନ ଘଟଣାଚକ୍ରରେ
ସେ ଦେଖିପାରିଲା ନାହିଁ ସମ୍ପୂର୍ଣ୍ଣ ଭାବରେ।

ମୁଣ୍ଡ ଗୋଳମାଳ ହୋଇ ଯାଉଥିବା ନାରୀ ପରି ନଇ
କୁଆଡେ କୁଆଡେ ଯାଏ ନିଜେ ଜାଣେ ନାହିଁ।
କେତେବେଳେ ଚୁପ୍‌ ତ ସେ କେତେବେଳେ ମନକୁ ମନକୁ
କେତେ କ'ଣ କହେ ଯାର ଅର୍ଥ ଅଗୋଚର ତା' ନିଜକୁ।

ଧୀରେ ଧୀରେ ନଇକୂଳୁଁ ଉଠି
ସମୟ ଯେଉଁଠି ସରେ ସେଠାକୁ ଯିବାକୁ
ଏ ଦିଗନ୍ତବ୍ୟାପି ବାଲି ଅତିକ୍ରମ କରୁଥିବା ଅନୁପସ୍ଥିତିର
ମସ୍ତକର ମୁକୁଟରେ ଝଲମଲ୍ ମଣିମୁକ୍ତା ପରି
ଆଜି ବି ଉଇଁବେ ତାରାମାନେ ପୁନର୍ବାର।

୫୪

କେତେଦିନୁଁ ଆଉ ନାହିଁ
କାହା ପ୍ରତି ଅସନ୍ତୋଷ, ଆପଣାକୁ ଅଚିହ୍ନା ବାରିବା,
ଦରାଣ୍ଡିବା, ନିଜ ଭାଗ୍ୟଠାରୁ
ପ୍ରତିଦିନ ଦ୍ରୁତତର ଗତିରେ ଚାଲିବା,

କେତେଦିନୁ ମୁଁ ଯେପରି
ପାହାଡ଼ ଯାହାର
ଉପରେ ପଥର ଆଉ
ଭିତରେ ପଥର ।

୪୪

ତମେ ଯେଣୁ ଏଠି ନାହଁ ଯେଣୁ ତମେ ଏଠାକୁ କଦାପି
ଫେରିବନି ତମ ଲାଗି ମୋର ଦୁଷ୍ଚିନ୍ତାର
ଶେଷ ନାହିଁ, କାଲେ ତମେ ସହାସ୍ୟବଦନେ
ସବୁବେଳେ ଯାଉଥିବ ଯେପରିକି ପ୍ରତ୍ୟେକ ପ୍ରଶ୍ନର
ଉତ୍ତର ରହିଛି, କାଲେ ତମେ ଦିନେ ହଜିଯିବ
ସେମାନଙ୍କ ଗହଳିରେ ଯେଉଁମାନେ ନିରୁଦ୍‌ବିଗ୍ନ ଭାବେ
ଚଳତ୍‌ଶକ୍ତି ଆଶା କରି ରହିଥିବା ପ୍ରତିମୂର୍ତ୍ତି ପରି
ବା ମଡ଼କ ଅପେକ୍ଷାରେ ବସିଥିବା ଗୃଧ୍ରପଲ ପରି
ଉତ୍ତର ମିଳିବ ବୋଲି ଆଜୀବନ ଚାହିଁ ରହିଥିବେ,
କାଲେ ତମେ ମହାବଳୀ ଯୋଦ୍ଧାମାନଙ୍କର
ପାହୁଡ଼ ପଡ଼ିବା ଶବ୍ଦ ଶୁଣିଶୁଣି ପାସୋରି ଯିବ ଯେ
ଫୁଲ ଝଡ଼ିବାର ଶବ୍ଦଠାରୁ ବେଶୀ ନିଃଶବ୍ଦ ଭାବରେ
ଦିନେ ତମେ ଆସୁଥିଲ ନିଜେ,
କାଲେ ଅସ୍ତଶୟ୍ୟମାନ ଚକ୍‌ଚକ୍ କଳାବେଳେ ତମେ
ଭୁଲିଯିବ ଉଜ୍ଜ୍ୱଳତା ଛଳଛଳ ଦୁଇଟି ଆଖିର,
କାଲେ ରାତି ହେଲେ ତମେ ଭୁଲିଯିବ ଦିନେ
ଅନ୍ୟାନ୍ୟ ନାଆଁ ବି ଥିଲା ରାତିରେ ତମର।

ତମ ଲାଗି ମୋର ଦୁଷ୍ଚିନ୍ତାର ଶେଷ ନାହିଁ
ଯେଣୁ ଆଉ କେହି ନାହିଁ ତମ ଭିତରେ ଓ
ବାହାରେ ଯିଏ ରହିଥିବ,
ତମ କାର୍ଯ୍ୟାବଳୀକୁ ହସରେ ଉଡ଼ାଇ

ଦେଉଥିବ, କିନ୍ତୁ କାନଡେରି
ଗୋଟିଗୋଟି ତମ ନୀରବତା ଶୁଣୁଥିବ,
ତମେ ରାଜାବେଶ ହୋଇ ବାହାରିଲା ବେଳେ
ବାଟକୁ ଆଗୁଲି ଠିଆ ହୋଇ ଯାଉଥିବ,
ତମଠୁଁ ଛଡାଇ ନେଇ ସବୁକଛି ଯେଉଁଠୁ ଆସିଲ
ସେଠାକୁ ବାହୁଡି ଯିବା ଲାଗି କହୁଥିବ ।

କିଏ ଜାଣେ, ପୁଣି ଥରେ ଆସିଲେ ତମେ କି
ନୂଆ ନୂଆ ବାଟରେ ଆସିବ ।
ଆହା ତମେ ଥରେ ଫେରି ଆସନ୍ତ କି ! ତେବେ
ମୁଁ ତମକୁ ଅଟକାଇରଖନ୍ତିନି ମୋର ଅଭାବରେ,
ତମକୁ କହନ୍ତି ଖାଲି କେତେକ୍ଷଣ ପାଇଁ
ଠିଆ ହୁଅ ମୁଁ ଯେଉଁଠି ଅଛି ସେ ଜାଗାରେ,
ଏଠାରେ କୌଣସି କାଳେ କୌଣସି ଉତ୍ତର
ମିଳେ ନାହିଁ, ମୃତ୍ୟୁ ଯାଏଁ ଏକୁଟିଆ ହୋଇ
ରହିବାକୁ ପଡେ, ଏପରିକି ପ୍ରଶ୍ନ ପଚାରିବା
ଲାଗି ମଧ୍ୟ ମନ ବଳେ ନାହିଁ ।

ତମ ଲାଗି ମୋର ଦୁଶ୍ଚିନ୍ତାର ଶେଷ ନାହିଁ,
କାଲେ ତମେ ଭାବିବ ଯେ ଏଣିକି ସବୁ ତ
ନିୟମାନୁଯାୟୀ ହେବ, ଆଉ ଅଛି କେଉଁ
ଭବିଷ୍ୟତ ମରିବା ବ୍ୟତୀତ,
କାଲେ ତମେ ଭୁଲିଯିବ ଯେ ଫେରିଯିବାର
ବେଳ ଏବେ ମଧ୍ୟ ଅଛି, ସବୁବେଳେ ଥିବ,
ଖୁବ୍ ହେଲେ ବାଳ ପାଚି ଯାଇଥିବ କିମ୍ବା
ପ୍ରାଣବାୟୁ ଉଡ଼ି ଯାଇଥିବ .....

୪୬

କିଏ ଜଣେ କହିଲା ଯେ
ତମେ ଫେରି ଆସୁଛ ଏଠାକୁ।

ସଭିଏଁ ଉଚ୍ଛାଟ ହେଲେ, ଏପରିକି ନଇ
ପବନରେ ଦେଖାଗଲା ନୂଆ ଚଞ୍ଚଳତା,
ବର୍ଷ ବର୍ଷ ବ୍ୟାପିଥିବା ଶୃଙ୍ଖଳାପଣରୁ
କ୍ରମେ ଟେଢି ଆଖୁଥିଲେ ବୃକ୍ଷଲତା ।

ମତେ କିନ୍ତୁ ଜଣାଥିଲା
ତମର ଫେରିବା ମିଛ, କେବଳ ଗୁଜବ,
ଆଗକୁ ଆଗକୁ ଖାଲି ଚାଲୁଥିବ, ଦୂରତର ହୋଇ
ଚାଲିଥିବ, ଅକସ୍ମାତ୍ ଦିନେ
ତମକୁ କଳ୍ପନା ଆଉ କରି ହେବ ନାହିଁ।

ସଭିଏଁ ଉଚ୍ଛାଟ ହେଲେ, ମୁଁ କିନ୍ତୁ ଚାହିଁଲି
ତମେ ହେଲେ ନଫେରନ୍ତ, ତମ ଫେରିବାର
ସମ୍ବାଦ ହୁଅନ୍ତା ହେଲେ କପୋଳକଳ୍ପିତ,
ମାଟିରେ ଓ ପବନରେ ଯାହା ମିଶି ଯାଇଛି ଅଥବା
ଯାହା ମିଶି ଆସୁଅଛି ସେ ସବୁକୁ ହେଲେ
ନକରନ୍ତ ପୁନରୁଜ୍ଜୀବିତ ।

ତମେ ଡାକିଦେଲ। ମାତ୍ରେ ସଭିଏଁ ଚାହିଁବେ
ନିଜ ନିଜ ଦ୍ୱିଧାଗ୍ରସ୍ତ ମରିବା ପଣରୁ
ଲେଉଟି ଆସିବେ, ପୁଣିଥରେ ଯୋଡ଼ାଯୋଡ଼ି କରି
ହୃଦୟ, ଅଙ୍ଗପ୍ରତ୍ୟଙ୍ଗ, ଘଟଣାବଳୀଙ୍କୁ
ଅତିକ୍ରାନ୍ତ ସମୟର ମନୋନୀତ ଉଲ୍ଲାସ ଭିତରେ
ରହିଥିବେ କାଳକାଳ ଧରି ।

କିପରି ଫେରିବେ ଆଉ ? କିଛିକ୍ଷଣ ପାଇଁ
ଛାଟିପିଟି ହେବେ, କିଛି ଉତ୍ତର କରିବେ,
ଜରାଜୀର୍ଷ ବା ବିଲୁପ୍ତପ୍ରାୟ ଚେହେରାରେ
ଖୁବ୍ ବିକଳାଙ୍ଗ ଖୁବ୍ କଦର୍ଯ୍ୟ ଦିଶିବେ ।

ସେମାନେ ଯାଆନ୍ତୁ, ତାଙ୍କ ମିଛରେ ମିଛରେ
ଡାକ ନାହିଁ । ତମେ ନିଜେ ବି ତ
ଆଉ ଫେରି ଆସିବନି ବିତିଯାଇଥିବା ସମୟକୁ,
ନୀଳବର୍ଷ ପ୍ରତିଶ୍ରୁତିକୁ ବା ଲାଜଲାଜ
ଆଲିଙ୍ଗନକୁ ବା ସର୍ବପ୍ରଥମ ଥରର
ଗୋପନୀୟ ପରିକଳ୍ପନାକୁ ।

ସେମାନେ ଯାଆନ୍ତୁ, ମାଟି ଲେଉଟାଇ ନେଉ
ସେମାନଙ୍କ ଚେହେରାକୁ, ପବନ ଫେରାଇ
ନେଉ ତାଙ୍କ ନିଃଶ୍ୱାସକୁ, ସମସ୍ତେ ଶୂନ୍ୟରେ
ମିଶିଯାନ୍ତୁ, ତମେ ଯେଉଁପରି
ପ୍ରାୟ ମିଶିସାରିଲଣି ଆଦ୍ୟପ୍ରାନ୍ତ ନଥିବା ନିଜର
ଆଲୋକରେ, ବା ଅନ୍ଧକାରରେ ।

∎

୫୭

ମୁଁ ଜାଣିଛି ତମେ ମତେ ଭଲପାଅ ତେଣୁ
ତମେ ଦିନେ ମୋ ମନରେ ଜାଗା ହେଲା ଭଳି ସ୍ମୃତିଟିଏ
ରଖିଦେଇ ମରିଯିବ, ଇଚ୍ଛା କଲେ ତା'ର
ଓଠ ଟିପି ଦେଉଥିବ, ଛାତିରେ ଆଉଜି
ଯାହା ଇଚ୍ଛା ହେବ ତାହା କହି ଯାଉଥିବ,
ମୋ ଦେହ ଉପରୁ ତମ ଅମଳିନ ହାତ
ଠେଲି ଦେବି ଯେତେଥର ଇଚ୍ଛା ସେତେଥର ।

ତମେ ଇଚ୍ଛା କରିଥିଲେ ନକ୍ଷତ୍ରମାନେ ତ
ତମ ପାଇଁ ବାଟ ଛାଡି ଘୁଂଚିଯାଇଥାନ୍ତେ,
ପବନ ନିଶ୍ଚଳ ହୋଇ ଯାଇଥାନ୍ତା, ନଦୀ ସମୁଦ୍ରରେ
ନିଆଁ ଜଳି ଉଠିଥାନ୍ତା ହୁତୁହୁତ୍ ହୋଇ,
ଗନ୍ଧପତ୍ର ବଦଳରେ ପାଉଁଶ ଥାଆନ୍ତା ।
ମୁଁ କ'ଣ ଥାଆନ୍ତି ? ଥିଲେ ବି ମୁଁ କ'ଣ
ଜାଣିପାରୁଥାନ୍ତି ତମ ଆରମ୍ଭ ଓ ଶେଷ କେଉଁଠାରେ ?

ତୁମେ କିନ୍ତୁ ସବୁକିଛି ଯଥା ସ୍ଥାନେ ରଖି ଦେଇଯିବ,
ବିଦେଶକୁ କିଛି ଦିନ ଯାଇଥିବା ସ୍ୱାମୀ ପରି ତମେ
ଲୁଗା କେତେଖଣ୍ଡ ଛଡ଼ା କିଛି ନେବ ନାହିଁ ।
ଯୁଆଡ଼େ ଚାହିଁଲେ ତମେ ଦିନେ ଥିଲ ବୋଲି
ମନେ ପଡୁଥିବ, ତମର ଅଳରା ବାଳ ଛୁଇଁଦେଲା ବେଳେ
ଚମକି ପଡ଼ିଲା ପରି ମୁଁ ଚମକି ପଡୁଥିବି କେଉଁ
ପତରେ ଫୁଲରେ ମୋର ହାତ ବାଜିଲେ ହିଁ ।

ଯେତେଥର ଇଚ୍ଛା ହେବ ସେତେଥର ଅନ୍ଧାର ଭିତରୁ
ତମକୁ ଓଟାରି ଆଣି ମୋର ଅରଣ୍ୟକୁ
ଆଜ୍ଞା ଦେବି ଠିଆ ହୁଅ ଏଠି ଯେଉଁଠାରେ
ତମ ପୂରା ପ୍ରତିବିମ୍ବ ନଈରେ ପଡ଼ିବ,
କିମ୍ବା ସେଠି ଯେଉଁଠାରେ ପାହାଡ଼ ସେପାଖୁ
ଜହ୍ନ ଉଏଁ, ବା ଅନ୍ୟତ୍ର ଯେଉଁଠାରେ ରାତି
ପାହି ପାରେନାହିଁ ମୋର ବିନା ଅନୁମତିରେ ।

ମୁଁ କି କ୍ଷୁଦ୍ର। ତମେ କିନ୍ତୁ ମୋ' ଅଯୋଗ୍ୟପଣ
ବୁଝିପାରି ମୋ ଠାରୁ ବି କ୍ଷୁଦ୍ରତର ହୋଇ
ନିଜର ଜୀବନକାଳ ରଖିଲ ମୋ ଜୀବନକାଳରେ
ଯେପରିକି ମୁଁ ମରିବା ଯାଏଁ ଯେତେବେଳେ
ଚାହୁଁଥିବି ସେତେବେଳେ ଦେଖିବି ଯେ ତମେ
ମୋ ପରି, ଓ ମୁଁ ଠିକ୍ ତମ ପରି
ମରିବାକୁ ବଞ୍ଚିବାରେ ପରିଣତ କରେ।

୪୮

ପଥରର ସୁବାସ ହେ
ହାହାକାର ପ୍ରତ୍ୟେକ ଫୁଲର
ଚନ୍ଦ୍ରର ଅସହ୍ୟ ତାପ
ଶୀତଳତା ଜୁଳନ୍ତ ସୂର୍ଯ୍ୟର
ମୁଁ ନିଜକୁ ନିଜେ ଚିଠି ଲେଖୁବାର ଭାଷା
ସବୁ ହତାଶାର ହସହସ ସହିଷ୍ଣୁତା
ସବୁ ଅପଲକ ଚାହିଁ ରହିବାର ଯୁଗ ପରେ ଯୁଗ
ସବୁ ବିଦ୍ରୋହର ସର୍ବଶେଷ ନିଷ୍ପଳତା
ଅଭିଳାଷମାନଙ୍କର ଗଢ଼ା ଦିବ୍ୟସୁନ୍ଦର ପ୍ରତିମା
ମରୁଭୂମିମାନଙ୍କର ଶ୍ୟାମଳ ଅତୀତ
ପତ୍ରପୁଷ୍ପ ମଣ୍ଡି ହୋଇଥିବା ବର୍ଷାରତୁ
ମାଟିଠୁଁ ତାରାଙ୍କୁ ଡେଇଁ ସ୍ୱଚ୍ଛ ଚଲାପଥ
ଦିନ ଆଉ ରାତି ମିଶା ଅଭୁତ ସମୟ
ସମୁଦ୍ରର କ୍ଷଣସ୍ଥାୟୀ ସ୍ତବ୍ଧତାର ଚିରନ୍ତନକାଳ
ଅଧାଦେଖା ସ୍ୱପ୍ନଙ୍କର ଆଶ୍ୱାସନାମୟ ଶେଷଭାଗ
ହଠାତ୍ ଚମକି ଉଠି ପଡ଼ିବାର ଅସ୍ତବ୍ୟସ୍ତ ବେଳ
ଫର୍ଦ୍ଦୀ ହୋଇ ଆସୁଥିବା ଆକାଶରେ ଅନିଚ୍ଛୁକ ତାରା
ଅବ୍ୟକ୍ତ ଶବ୍ଦ ଓ ବାକ୍ୟ ବିଦାୟ ବେଳର
ବନ୍ଧନରେ ପଡ଼ିଥିବା ଅତିଷ୍ଟ ପବନ
ସିଂହାସନରୂଢ଼ କୁଜ୍ଝଟିକା କଳେବର
ନଙ୍ଗର ଅତଳତଳେ ଶୋଇ ରହିଥିବା ପ୍ରତିଛବି
ଅମାପ ସମ୍ପଦ ଥିବା ଅଗୋଚର ଖଣି

ଶୂନ୍ୟରେ ଅଙ୍କିତ ଉନ୍ମାଦନାର ଆକୃତି
ବିଜୁଳିର କେହି ଶୁଣି ନଥିବା କାହାଣୀ
ମୋ ଅଯୋଗ୍ୟତାର ପରିଣାମ ହସି ହସି
ସହୁଥିବା ପ୍ରିୟତମ ତମକୁ ତ ତମେ ଯିବା ପରେ
ଫେରାଇ ଆଣିବା ଭାଗ୍ୟ ମୋର ନାହିଁ, ମରିବା ପର୍ଯ୍ୟନ୍ତ
ତମର ତୁକୁଡ଼ାମାନ ଯୋଡୁଥିବି ଏପରି ଭାବରେ।

୫୯

ଫେରାଅ ଫେରାଅ ତାଙ୍କୁ,
ତମର ଜୀବନକାଳ ପରି ଛୋଟକାଟ
କଇଦୀଖାନାରେ ତାଙ୍କ ପାଇଁ ଜାଗା ନାହିଁ ?
ସେ ତ ବଣଜଙ୍ଗଲର ନିଃଶ୍ୱାସ ଯାହାକୁ
ଧରିହୁଏ ନାହିଁ କିମ୍ବା ଦେଖି ହୁଏ ନାହିଁ,
ଯାହାର ଛୁଇଁବା ମାତ୍ରେ ବାଲ ଫିଟିଯାଏ,
ରହିବା ଜାଗାରେ ଶାଢ଼ି ଜମା ରହେ ନାହିଁ ।

ତମେ ତ ନିଃଶବ୍ଦ ତାଙ୍କୁ କରିସାରିଲଣି,
ଜରି ପୋଷାକରେ ଢାଙ୍କିଦେଇ ସାରିଲଣି
ଶ୍ୟାମଳ ପର୍ବତ ପରି ଫୁଙ୍ଗୁଳା ଦେହକୁ,
ଖାଲି ବାକି ରଖ୍ୟଅଛ ଦିନେ ଚିତାଗ୍ନିରେ
ପୋଡ଼ି ଦେବା ଲାଗି ତାଙ୍କ ସୁନ୍ଦର ମୁହଁକୁ ।

ଫେରାଅ ଫେରାଅ ତାଙ୍କୁ, ସେ ତ ଗଡ଼ଗଡ଼ି
ନାଦ ଯାହା ବଂଶୀସ୍ୱନ ପରି ଶୁଣାଯାଏ
ଅବିଶ୍ରାନ୍ତ ନଚାନ୍ତି, ମୁଁ ଜନ୍ମର ଜନ୍ମକୁ
ମରିବାରୁ ମରିବାକୁ ନାଚି ନାଚି ଯାଏ ।
କହ ତାଙ୍କୁ କିଏ ଜାଣେ ଆସିଛି ଯାହାର
ପାଦ ରକ୍ତସରସର ଅଥଚ ଅଥୟ,
ତଥାପି ଯଦି ସେ ବସି ରହିବେ ତାଙ୍କୁ ମୋ
ପରମାୟୁର ଏ ଅବଶିଷ୍ଟାଂଶ ଦେଖାଅ ।

ସେ ତମକୁ କହିଥିବେ କି ନ କହିଥିବେ,
ମୁଁ ତାଙ୍କର ପତ୍ନୀ, ଯାଅ ମୁଁ ଆସିଛି ବୋଲି
କହିଦିଅ, ଉଚ୍ଛର ନକର ।
ଆପେ ଆପେ ସେ ବାହାରି ଆସିବେ ଯେପରି
ପଚରା ନଯାଇଥିବା ପ୍ରଶ୍ନର ଉତ୍ତର ।

ସେ ଥିବା ଜାଗାରେ ବୁଢା ହୋଇ ଆସୁଥିବା
ରଜା ଜଣେ ବସିଥିବ ଜରୀ ପୋଷାକରେ,
ଯାହା ଯାହା ପଚାରିବ ସବୁରି ଉତ୍ତର
ଦେଉଥିବ ତମେ ବୁଝି ପାରିବା ଭାଷାରେ ।

୬୦

ତମେ ସାଂଘାତିକ ଭାବେ
ଆହତ ହୋଇଛ ବୋଲି ଖବର ଆସିଛି ।

ଏପରି ଘଟିବ ବୋଲି ବହୁତ ଆଗରୁ
ତମେ ନିଶ୍ଚେ ଜାଣିଥିବ, ଝଡ ହେବା ଆଗୁଁ
ତମେ ଶୁଣି ସାରିଥାଅ ନିଃଶ୍ୱାସ ତାହାର,
ପ୍ରତ୍ୟେକ ଫୁଲକୁ ଚିହ୍ନ କଢି ନଧରୁଣୁ,
ନଈର ବୋହିବା ଶବ୍ଦ, ମେଘର ଆକୃତି
କ'ଣ ହେବ ତମକୁ ଗୋଚର ।
ସୂର୍ଯ୍ୟୋଦୟ ହେବା ଆଗୁଁ ଏହିପରି ଦିନ
ଆସୁଅଛି ବୋଲି ଜାଣିଥିବ,
ତାକୁ ମଧ୍ୟ ଅନ୍ୟସବୁ ଦିନ ଆଉ ଅନ୍ୟ ସବୁ ଦିନର ଘଟଣା
ପରି ତମେ ନିଜେ ଗଢିଥିବ,
ଅଥଚ ସଭିଙ୍କୁ ଏହା ଆକସ୍ମିକ ଦୁର୍ଘଟଣା ବୋଲି
ପ୍ରବଞ୍ଚିତ କରି ଚାଲିଥିବ ।

ମୁଁ ବି ବେଳେବେଳେ ଭାବେ ଯୋଗଦେବି ବୋଲି
ତମ ଚକ୍ରାନ୍ତରେ ତମ ଅଜ୍ଞାତସାରରେ,
ଅତ୍ୟନ୍ତ ସମୟ ପରେ କିନ୍ତୁ କ୍ଷମା ମାଗେ
କେତେକାଳୁ ଉପେକ୍ଷିତ ମୋ ଦେହ ପାଖରେ,
ତାକୁ ମାଗେ ଦେଉ ବୋଲି
ତମର କଳ୍ପନାତୀତ ଲୁହ, ଅନ୍ତର୍ଦାହ,

ପୁଣିଥରେ ମୋ ଯୌବନ ଯାହାକୁ ଦେଖିଲେ
ହତବୁଦ୍ଧି ହୋଇଯିବ, ପୁଣିଥରେ ମରିବାର ଏ ମିଛିମିଛିକା
ଖେଳ ସୁରୁ କରୁକରୁ କଟିଯିବ ଅନେକ ସମୟ ।
ସେତିକି ସମୟେ ତମେ ଯମୁନାର ନୀଳପାଣି ଦେଖି
ଆମ୍ହରା ହୋଇଯିବ, ଫୁଲମାନଙ୍କର
ନାନାବର୍ଷି ଉପଦ୍ରବ ଦେଖି ସ୍ତମ୍ଭୀଭୂତ ହୋଇଯିବ,
ନକ୍ଷତ୍ର ମଣ୍ଡଳ ତମ ଆଜ୍ଞାଧୀନ ଏହା
ଭୁଲିଯାଇ ଯନ୍ତ୍ରଣାରେ ଛାଟିପିଟି ହେବ,
ଛାଟିପିଟି ହେବ ଆଉ କଷ୍ଟ ଭୋଗୁଥିବା
ରୋଗାପରି ମୋତେ ଚାହୁଁଥିବ,
ଆଖିରେ ଆଖିରେ ମୋତେ ରହିଯାଅ ବୋଲି
ଜାଳିଦିଅ ବୋଲି କହୁଥିବ ।

ମୁଁ ଚାହୁଁଚି ଉଡ଼ିଯାନ୍ତି ସେଠାକୁ ଯେଉଁଠି
ତମ ଦେହ ଯନ୍ତ୍ରଣାରେ ଛାଟିପିଟି ହୁଏ
ଚୁପଚାପ୍ ଘଡ଼ଘଡ଼ି ପରି, ବା ଘୂର୍ଣ୍ଣିବାୟୁରେ
ପଡ଼ିଥିବା ପତ୍ରପରି ଗୋଟିଏ ନିଷ୍ଫଳ
ମୁହୂର୍ତ୍ତରେ ଯୁଗଯୁଗ ଧରି ଯାହା ଘୂରେ ।
ତମର ଦେହର ପ୍ରତି କୋଣେ ରଖିଯାନ୍ତି
ତମର ସମସ୍ତ ଲୀଳା ଅପେକ୍ଷା ଆହୁରି
ଆଦିମ ଲୋଡ଼ିବା ଭାବ, ଶିରା ପ୍ରଶିରାରେ
ବାରମ୍ବାର ବାଟହୁଡ଼ି ଯାଉଥିବା ରକ୍ତର ଅନ୍ଧତା ।
ଭର୍ତ୍ତିକରି ସାରି ତାକୁ ଧୀରେ ଖୁବ୍ ଧୀରେ
ଧରି ଧରି ଆଣନ୍ତି ମୁଁ ଯମୁନା କୂଳକୁ,
ଛୋଟଛୋଟ ଦୁଃସ୍ମିର,
ବଡ଼ବଡ଼ ସୁଖର ରାତିକୁ,
ଲୁହ ସୁତୁବୁତୁ ଯେଉଁ ବୁଢ଼ାମଣା ସେଠାକୁ ଓ ମୋର
ବାହୁ, ଜଙ୍ଘ, ଉରୁଜସ୍ଥଳକୁ,
ସେଠି ତମେ ଦେଇଥିବା ନୀଳ ଦାଗ ମାନ

ଝଲମଲ୍ କରୁଥାଉ, ତମର ଅସାର
ଚନ୍ଦ୍ର ତାରା ଦିଶୁଥାଉ ନିତାନ୍ତ ମଳିନ।

ତମେ ତ କାହାର ନୁହଁ, ଅଥଚ ସଭିଙ୍କୁ
ଡାକିଥାଣି ରଖିଦିଅ ଆପଣାର ଉଦାସୀନତାରେ।
ତମକୁ ଦିଅନ୍ତି ସତ ସତ ଦେହଟିଏ,
ମୋ ବର୍ଷ ବର୍ଷର ଦୁଃଖ ଈର୍ଷା ଆଉ ଆକାଂକ୍ଷାର ଭାଷା
ବାସ୍ତବିକ ଶୁଭନ୍ତା କାନରେ,
ହାତ ବୁଲୁଥାନ୍ତା ମୋର ସର୍ବାଙ୍ଗରେ, ତମେ ଗଢ଼ିଥିବା
ବ୍ରହ୍ମାଣ୍ଡମାନ କି ଛୋଟ ବୁଝନ୍ତ ତା'ପରେ,
ହୃଦୟ ବୁଝନ୍ତା ଦୂରେ ଥିବା କିମ୍ବା ମରିଯାଇଥିବା
ଲୋକଙ୍କୁ ଅପେକ୍ଷା କରାଯାଏ କେତେ ଅଧୈର୍ଯ୍ୟ ଭାବରେ,
ଶିଖନ୍ତି କିପରି ଯେଉଁ ଦିନ ଚାଲିଗଲା
ତାକୁ ଝୁରିବାକୁ ପଡେ, ଦିହଘଷା ଜୀବନ ପାଖରୁ
କି ମାର୍ଗରେ ଖସିଯାଇ ହୁଏ –
ପ୍ରଥମେ ଉଷ୍ମ ହାତଟିଏ, ତା'ପରେ ସେ ହାତର ଛାଇକୁ,
ଧରି ଚାଲୁଥିବ, ଏପରି ଭାବରେ,
ଚାଲୁ ଚାଲୁ ଜନ୍ମ ପରେ ଜନ୍ମ ବିତିଯାଏ ।

୭୧

ତମେ ଆଉ ନାହଁ ବୋଲି ଖବର ଆସିଛି ।

ମୁଁ ତମର ଅନ୍ୟତମ ବିଧବା ନୁହେଁ କି
ତମ ଶବ ପଛେ ପଛେ ଯାଉଥିବା ଲୋକଙ୍କ ଭିତରୁ
ଜଣେ ନୁହେଁ, ତମର ଶବ ତ
ବହୁ ଦୂର ବୃନ୍ଦାବନଠାରୁ ।

ସୁନ୍ଥାରେ ସିନ୍ଦୂର ମୋର
ଏବେ ଏବେ ବେଶୀ ଲାଲ୍ ଦିଶେ ।
ଲୋକଙ୍କ ବିନୋଦ ପାଇଁ ନାଚିବା କୁଦିବା
ଛାଡ଼ିଦେଇ ଆସ ବରବେଶେ ।

କନ୍ୟାପରି ମୁଁ ପିନ୍ଧିଚି
ଅଳଙ୍କାର, ପାଟପୀତାମ୍ବରୀ
ଯେତେ ଠଙ୍ଗା ଅପଯଶ ସବୁରି ଜବାବ୍
ଦେବି ଚୁଡ଼ି ଝମ୍ ଝମ୍ କରି ।

ତମେ ଆଉ ନୁହଁ କାହା
ପିତା ପୁତ୍ର ସ୍ୱାମୀ,
ଆମର ବିଦାୟଦିନ ପୂର୍ବରାତି ପରି
ଆଜି ତମେ ଶୁଦ୍ଧ ଚଗଲାମି,
ଧ୍ୱନିପରି ଛିଗୁଲାଅ, ଛୁଇଁଦିଅ
ମୋ'କୁମାରୀ ନିର୍ଜନପଣକୁ
କାନ୍ଦିବାକୁ ଗଲାବେଳେ କୁତୁକୁତୁ କର
ମୋ' ନିଷ୍ପନ୍ଦ ଚାହିଁ ରହିବାକୁ ।

ଜୁଇରେ ସ୍ଥାପନା କରି
ତମର ଶରୀର
ସେମାନେ ଦେଖିବେ ନିଆଁ ଜାଳିଦେଇଯାଏ
ଯେତେକ ସମ୍ପର୍କ ଥିଲା ତମର ତାଙ୍କର ।

ଘରକୁ ଫେରିବେ, ପୁଣି
ଦିନାକେତେ ପରେ
ତମେ ଆଉ ନଥିବାର ଶୂନ୍ୟସ୍ଥାନ ପୂର୍ଣ୍ଣ କରୁଥିବେ
ତମର ସ୍ମୃତି ସମେତ ନାନାଦି କଥାରେ ।

ମୁଁ କିନ୍ତୁ ପାରୁନି ଆଉ
ରୋକି ମୋର ସୁଖସନ୍ତୋଷକୁ ।
ତମେ ଯଦି ତାଙ୍କ ପାଇଁ ନମରିଥାନ୍ତ ମୁଁ
ଗୋଟାପଣେ ପାଇଥାନ୍ତି କିପରି ତମକୁ ?

କାହାରିକୁ ଜଣାନାହିଁ ତମେ ଅଛ, ତେଣୁ
ମୁଁ ନଇଁକୁ ଆସିବା ବାଟରେ
ପଛେ ପଛେ ଆସିବେନି କେହି,
ସେମାନେ ସମସ୍ତେ ମତେ ଭୁଲିଯିବେ କିୟା
ଶୋଇଥିବେ ଅଚେତନ ହୋଇ
ଯେତେବେଳେ ମୁଁ ତମକୁ ଭିଡ଼ି ଧରିଥିବି
ମୋ ଛାତିରେ, ଯେତେବେଳେ ମୋ ସର୍ବାଙ୍ଗସାରା
ତମ ହାତ ବୁଲି ଯାଇଥିବ,
ଯେତେବେଳେ ବାଧାଦେବା କିୟା ପଦେ କଥା କହିବାକୁ
ମୋର ଆଉ ସାମର୍ଥ୍ୟ ନଥିବ,
ଯେତେବେଳେ ମରିପାରୁ ନଥିବି ଅଥଚ
ଜୀଇଁବା ବି ପୁରା ଅସମ୍ଭବ ।

ପ୍ରସ୍ତାବନା

ଏ ବହିର ସବୁ କବିତା ରାଧାଙ୍କ ବିଷୟରେ। ଗୋଟିଏ ପୌରାଣିକ ଚରିତ୍ର ବିଷୟରେ ଏ ଯୁଗରେ ଏତେଗୁଡ଼ିଏ କବିତା ଲେଖିବା ଅନାବଶ୍ୟକ ଓ ଅଯୌକ୍ତିକ ମନେ ହୋଇପାରେ, କିନ୍ତୁ ଯେହେତୁ ପୁରାଣ ବା କିମ୍ବଦନ୍ତୀରେ ପ୍ରସିଦ୍ଧି ଲାଭ କରିଥିବା ରାଧାଙ୍କର ସେପରି କିଛି ପ୍ରସିଦ୍ଧି ନ ଥିବା ବେଳର ଅବସ୍ଥା ଏ କବିତାଗୁଡ଼ିକର ଉପଜୀବ୍ୟ, କବିତାଗୁଡ଼ିକ ପ୍ରତି ଅଶ୍ରଦ୍ଧା ପାଇଁ ଅନ୍ୟ କାରଣ ଖୋଜିବା ବିଧେୟ ହେବ। ସେପରି କାରଣର କ'ଣ ଅଭାବ ଅଛି? ରାଧାଙ୍କ ବିଷୟରେ ଯାହା କହିବି ବୋଲି ଭାବିଥିଲି ତାହା କହିପାରିଲି ନାହିଁ ବୋଲି ମୁଁ ଜାଣେ। ଅଧିକାଂଶ ସମୟରେ ମୁଁ ଉପଯୁକ୍ତ ଭାଷା ପାଇପାରିନାହିଁ। ଖାଲି ସେତିକି ନୁହେଁ, ଠିକ୍ ଯେତେବେଳେ ରାଧା ଅସାଧାରଣ ହେବାକୁ ଆରମ୍ଭ କଲେ, ଠିକ୍ ଯେତେବେଳେ ଏକାଧାରେ ଖୁବ୍ ସୁନ୍ଦର ଓ ଖୁବ୍ ଅନନ୍ୟସାଧାରଣ ଅର୍ଥରେ ସେ ନିଜର ସ୍ଥିତିକୁ ଅର୍ଥପୂର୍ଣ୍ଣ କରି ବସିଲେ, ଠିକ୍ ସେତେବେଳେ ଓ ଠିକ୍ ସେହି ଜାଗାରୁ ମୋର ଚିନ୍ତାଶକ୍ତି ବାରମ୍ବାର ଲେଉଟି ଆସିଲା। ଏ କବିତାଗୁଡ଼ିକରେ ତେଣୁ ରାଧା ସେ ମୁହୂର୍ତ୍ତର ଓ ସେ ଜାଗାରେ ପହଞ୍ଚି ନ ଥିବା ବେଳର ଅବସ୍ଥା ବର୍ଣ୍ଣିତ ହୋଇଛି। ଗତାନୁଗତିକ ଜୀବନକୁ ଅତିକ୍ରମ କରିବା ଆଗରୁ ସେ ଅନ୍ୟ ଏକ ପ୍ରକାରର ଜୀବନ ପ୍ରଚ୍ଛନ୍ନ ଭାବେ ଅଥଚ ନିଶ୍ଚିତଭାବେ ଆଖପାଖରେ କେଉଁଠି

ବିଚରଣ କରୁଛି ବୋଲି ଜାଣିପାରିଥିବେ। ଯେଉଁ ଚେତନାରେ କାମନା ସାଙ୍ଗେ ସାଙ୍ଗେ କାମନା ଅପୂର୍ଣ୍ଣ ରହିଯିବାର ସମ୍ଭାବନା ବି ସ୍ୱୀକୃତ ହୁଏ ସେ ଚେତନାର ସ୍ଥଳଭାଗରୁ ବିଚ୍ଛିନ୍ନ ହୋଇ ଉପରକୁ ଉଠିବାକୁ ଆରମ୍ଭ କରିବାର ନିର୍ଦ୍ଦିଷ୍ଟ ମୁହୂର୍ତ୍ତଟିଏ ତାଙ୍କ ଜୀବନରେ ଅବଶ୍ୟ ଆସିଥିବ। ସେ ମୁହୂର୍ତ୍ତରେ କାମନା ଉଦ୍ଭବ ହେବା ମାତ୍ରେ ଚରିତାର୍ଥ ହୋଇ ଯାଉଥିବାର ଅପାର ଆନନ୍ଦ ସେ ପ୍ରଥମ ଥର ଅନୁଭବ କରିଥିବେ। ଏ ଅନୁଭୂତି ପରେ, ଅଭାବବୋଧରୁ ନିଷ୍କୃତି ପାଇବା ପରେ ସେ ନିଜେ ନିଜର କାମନାର ଲକ୍ଷ୍ୟଠାରୁ କୌଣସିମତେ ପୃଥକ୍ ବୋଲି ଭାବିପାରି ନ ଥିବେ। ଯେତେବେଳେ ସମୁଦାୟ ସଭା ଈପ୍‌ସିତ ଲକ୍ଷ୍ୟ ସହିତ ଏକାଙ୍ଗ ହୋଇଯାଏ, କାମନା କହିଲେ ଆମେ ଯାହା ବୁଝୁ ତାହା ଆଉ ଅନୁଭୂତ ହେଉ ନଥାଏ। ସାଧାରଣ ଜୀବନରେ କାମନା ଅଭାବର, ଦୂରତାର, କ୍ଳେଶର ଅନୁଭୂତି। ସେ ଅନୁଭୂତି ବ୍ୟତିରେକେ କାମନା ନଥାଏ କି କାମନାର ଲକ୍ଷ୍ୟ ବୋଲି କିଛି ନଥାଏ। ସାଧାରଣ ଜୀବନରେ ଏ ଅନୁଭୂତି ଯେତେ ପ୍ରଗାଢ କାମନା ସେତେ ପ୍ରଗାଢ ବୋଲି ଧରାଯାଏ ଲକ୍ଷ୍ୟଠାରୁ ବିଚ୍ଛିନ୍ନ ରହିବାର ଯନ୍ତ୍ରଣାରେ ଛଟପଟ ନହେଲେ କାମନା ଆଶାନୁରୂପ ଭାବେ ଶକ୍ତିଶାଳୀ ବୋଲି ଧରାଯାଏ ନାହିଁ। ଥରେ ଲକ୍ଷ୍ୟ ଉପଲବ୍‌ଧ ହୋଇଗଲେ କାମନା ନିଃଶେଷ ହୋଇଯାଏ। ତା' ସହିତ ଜୀବନଯାପନ ବେଳେ ପୂର୍ବ ଉକ୍‌ଣ୍ଠାର ବିନ୍ଦୁବିସର୍ଗ ନ ଥାଏ, ଏପରିକି ଏକ ପ୍ରକାର ନିଃସ୍ପୃହତା ଆସେ। ବେଳେବେଳେ ଉପଲବ୍‌ଧ ଲକ୍ଷ୍ୟରେ ନାନାଦି ତ୍ରୁଟି ଦୃଷ୍ଟିଗୋଚର ହୁଏ, ଏସବୁ ତ୍ରୁଟି ଆଗରୁ ଜଣାପଡିଥିଲେ ଆମେ ଲକ୍ଷ୍ୟ ବର୍ଜନ କରିଥାନ୍ତୁ ବା ଅନ୍ୟ କିଛି ଲକ୍ଷ୍ୟ ବାଛିଥାନ୍ତୁ ବୋଲି ନିଜକୁ ଓ ଅନ୍ୟମାନଙ୍କୁ କହୁଁ। ଏପରି ସମୟରେ ଠିକ୍ ହୋଇଯାଇଥିବାପରି ଲାଗେ, ଲାଗେ ଯେ ଆମେ ଯାହା ବା ଯାହାକୁ ପାଇଛୁଁ ଆମର କାମନାର ମୂଳ ଲକ୍ଷ୍ୟ ସହିତ ତା'ର ସାଦୃଶ୍ୟ କେବଳ ଆପାତତଃ। ସେ ସମୟରେ ଯେଉଁ ଯନ୍ତ୍ରଣା ଅନୁଭୂତ ହୁଏ ତାହା ଲକ୍ଷ୍ୟଠାରୁ ବିଚ୍ଛିନ୍ନ ରହିବାର ଯନ୍ତ୍ରଣା ନୁହେଁ, ଯାହା ଏକଦା ଚୂଡାନ୍ତ ଓ ସର୍ବଶ୍ରେଷ୍ଠ ଲକ୍ଷ୍ୟ ବୋଲି ପ୍ରତୀତ ହେଉଥିଲା ତାକୁ ହାସଲ କରିଥିବାର ବିଚିତ୍ର, ମର୍ମଚ୍ଛୁଦ ଯନ୍ତ୍ରଣା।

ସୁତରାଂ ବିଶୁଦ୍ଧ କାମନା ହେଉଛି ସଫଳ ମନୋରଥ ହେବାର ଆଶା ଦ୍ୱାରା କଳୁଷିତ ହୋଇ ନଥିବା ବିଶୁଦ୍ଧ ଲୋଡିବାପଣ। ସଫଳ ମନୋରଥ ହେଲେ ହିଁ କାମନା ସମାପ୍ତ ହୋଇଯିବ, ଈପ୍‌ସିତ ଲକ୍ଷ୍ୟଟି ଆଉ ଈପ୍‌ସିତ ହୋଇ ରହିବ ନାହିଁ, ଲକ୍ଷ୍ୟଟି ଭାବରେ ଅନୁଭୂତ ହେବାର ପୂର୍ବ ଅବସ୍ଥାକୁ ଫେରିଯିବାକୁ ପଡିବ। ତାହା ବି ଏକରକମ ଶ୍ରେୟସ୍କର ହୋଇଥାଆନ୍ତା, କିନ୍ତୁ ମନସ୍କାମ ପୂର୍ଣ୍ଣ ହୋଇଗଲେ ଏପରି ଏକ ଅବସ୍ଥା ଉପୁଜେ ଯେଉଁଠାରେ ଲକ୍ଷ୍ୟଟିର ଅସ୍ତିତ୍ୱ ଅସ୍ୱୀକାର କରି ହୁଏ ନାହିଁ ଅଥଚ

ଦିନେ ଆମକୁ ସମ୍ମୋହିତ କରିଥିବା ଓ ତା' ପ୍ରତି ଆକୃଷ୍ଟ କରିଥିବା ଗୁଣ ଆଉ ତା'ଠାରେ ନଥାଏ। ତାହା ଏକ ମୂର୍ଚ୍ଛାରସୁଲଭ ଅସ୍ତିତ୍ୱ; କାଳକ୍ରମେ ସଢ଼ିବା ଓ ଦୁର୍ଗନ୍ଧଯୁକ୍ତ ହେବା ଅବଶ୍ୟମ୍ଭାବୀ। ଅନ୍ୟ କଥାରେ କହିଲେ ଲକ୍ଷ୍ୟଟି ରହିବା ଫଳରେ ତା'ର ନଥିବା ହିଁ ସୂଚିତ ହୁଏ। ଏହା ତୁଳନାରେ କୃତକାର୍ଯ୍ୟ ହେବାର କିଛି ଆଶା ନରଖି, ଏପରିକି ଅକୃତ କାର୍ଯ୍ୟ ହେବା ନିଶ୍ଚିତ ବୋଲି ଜାଣି ସୁଦ୍ଧା କାମନା କରିବା କେତେ ଭଲ, କିନ୍ତୁ କେତେଜଣ ଏପରି ଭାବରେ କାମନା କରିବାକୁ ସଜ୍ଜତ ହେବେ? ପୃଥିବୀର ସବୁ ପ୍ରଣୟ କାହାଣୀଠାରୁ ରାଧା ଓ କୃଷ୍ଣଙ୍କର ପ୍ରଣୟ କାହାଣୀ ଅଲଗା। ଅନ୍ୟ ସବୁ କାହାଣୀରେ ପରସ୍ପରକୁ ଭଲ ପାଉଥିବା ବ୍ୟକ୍ତିଦ୍ୱୟ ଅବଶେଷରେ ମିଳିତ ହୁଅନ୍ତି ବା ମିଳିତ ହୋଇ ପାରିଥାନ୍ତେ ଯଦି ଘଟଣାର ମୋଡ଼ ଟିକିଏ ଅଲଗା ହୋଇଥାନ୍ତା, ଯଦି ଅନ୍ୟମାନେ ସେମାନଙ୍କୁ ଟିକିଏ ବୁଝିଥାନ୍ତେ ବା ଖଳ ଆଚରଣକୁ ନିବୃତ୍ତ ରହିଥାନ୍ତେ। ରାଧା ଓ କୃଷ୍ଣଙ୍କ ପାଇଁ ସେପରି କିଛି ସମ୍ଭାବନା ନଥିଲା। ସେମାନେ ପରସ୍ପରକୁ ଚିହ୍ନିଲା ବେଳକୁ ରାଧା ବିବାହିତା। ତା'ଛଡ଼ା ଉଭୟେ ପରସ୍ପର ସହିତ ଏପରି ଭାବେ ସମ୍ପର୍କିତ ଯେ ଏକାଠି ଘର କରିବା ପ୍ରଶ୍ନ ଆଦୌ ଉଠୁନଥିଲା। ଅନ୍ୟମାନେ ଯେତେ ସାହାଯ୍ୟ ସହଯୋଗ କରିଥିଲେ ବି ଘଟଣା ଅନ୍ୟଥା ହୋଇପାରି ନଥାନ୍ତା। ରାଧା ନିଶ୍ଚୟ ଏ ବିଷୟରେ ଅବହିତ ଥିବେ ଏବଂ ତା' ସତ୍ତ୍ୱେ ଯଦି ଜୀବନର ଅନ୍ତିମ ଦିନ ଯାଏଁ ସେ କୃଷ୍ଣଙ୍କୁ ଭଲ ପାଇ ଚାଲିଥିଲେ ତା'ହେଲେ ଏ ଭଲ ପାଇବାରୁ କ'ଣ ମିଳିବ ନାହିଁ ତାହା ନିଶ୍ଚୟ ବୁଝି ଭଲ ପାଇ ଚାଲିଥିବେ। କୃଷ୍ଣଙ୍କ ସହିତ ଘର କରି ରହିବାର ଆଶାକୁ ସେ ଭଲ ପାଇବାର ଭିତ୍ତି ରୂପେ କଦାପି ଗ୍ରହଣ କରି ନଥିବେ; କିଏ ଜାଣେ, ସେ ହୁଏତ ଅନ୍ୟ ଏକ ଏବଂ ଶ୍ରେୟସ୍କର ଭିତ୍ତିଟିଏ ପାଇଥିବେ। ନିମ୍ନସ୍ତରର ଚିତ୍ତବୃତ୍ତି ହିଁ କୃତକାର୍ଯ୍ୟ ହେବାର ଆଶାରେ ଉଜାଟ ହୁଏ; ଉଚ୍ଚାଙ୍ଗ ଚିତ୍ତବୃତ୍ତି ଛୋଟ ଛୋଟ ତୁଷ୍ଟିବିଧାନ ସବୁ ଏଡ଼ାଇଦିଏ, ଲୋଡ଼ି ଚାଲିବାରୁ ନିବୃତ୍ତ ହୁଏ ନାହିଁ। ସେ ବୁଝିଥାଏ ଯେ ସବୁ ଛୋଟ ଛୋଟ ପାଇବା ଯେମିତି ହଠାତ୍ ଆରମ୍ଭ ହୋଇଥାନ୍ତି ସେମିତି ହଠାତ୍ ସରିଯାନ୍ତି, ଖାଲି ଥବାତକ ମନକୁ ବିଭ୍ରାନ୍ତ ଓ ବିଚଳିତ କରନ୍ତି, ତାକୁ ନିଜ ଲୋଡ଼ିବାପଣରେ ଅଗ୍ରସର ହେବାକୁ ନଦେଇ ପଛକୁ ଠେଲି ଦିଅନ୍ତି। ଅନାବିଳ ଲୋଡ଼ିବାପଣ ଅସରନ୍ତି ଚାଲିବା ପରି, ଯେଉଁଥିରେ ଚାଲିବା କଦାପି ସରିବ ନାହିଁ ବୋଲି କିଛି ହତାଶା ନିଶ୍ଚୟ ଥାଏ କିନ୍ତୁ କ୍ଷଣସ୍ଥାୟୀ ଓ ନିକୃଷ୍ଟ ତୁଷ୍ଟିବିଧାନ ଫଳରେ ନିଜ ଲକ୍ଷ୍ୟରୁ ଓହରିଯିବାକୁ ହୋଇନାହିଁ ବୋଲି ଏକ ପ୍ରକାର ଗର୍ବ ଓ ଅହଙ୍କାର ବି ଥାଏ।

ଯେଉଁ ଚିତ୍ତବୃତ୍ତି ପକ୍ଷରେ କାମନା ଅପୂର୍ଣ୍ଣ ରହିଯିବା ବିଶେଷ ଗୁରୁତ୍ୱପୂର୍ଣ୍ଣ ନୁହେଁ,

ତାହା କେଉଁସି ପରିସ୍ଥିତିରେ ବି ନିଜର ବୈଶିଷ୍ଟ୍ୟ ହରାଇବାକୁ ସମ୍ମତ ହେବ ନାହିଁ । ବୈଷ୍ଣବ ତତ୍ତ୍ୱରେ କିନ୍ତୁ ଏ ସତ୍ୟ ସ୍ୱୀକୃତ ହୁଏ ନାହିଁ । ସେଠାରେ କୃଷ୍ଣ ହିଁ ଏକମାତ୍ର ସତ୍ୟ ଏବଂ ରାଧା ହୁଏତ ତାଙ୍କର ଅଂଶଟିଏ ନଚେତ୍ ତାଙ୍କର ନିଜକୁ ଉପଲବ୍‌ଧି କରିବାର ବା ନିଜର ସୌନ୍ଦର୍ଯ୍ୟ ଆସ୍ୱାଦନ କରିବାର ମାର୍ଗଟିଏ । ଖୁବ୍ ବେଶିରେ ରାଧା ଗୋଟିଏ ଶକ୍ତି– ଏକ ଅସାଧାରଣ ଶକ୍ତି ନିଶ୍ଚୟ, କିନ୍ତୁ ସେ ଶକ୍ତି ପ୍ରକୃତରେ କୃଷ୍ଣଙ୍କର । ଏ ତତ୍ତ୍ୱରେ ରାଧାଙ୍କର କୃଷ୍ଣଙ୍କଠାରୁ ବିଚ୍ଛିନ୍ନ ହୋଇ ରହିବା ଅବସ୍ଥାକୁ କୌଣସି ପ୍ରାଧାନ୍ୟ ଦିଆଯାଏ ନାହିଁ । ପରେ ହୁଏତ ରାଧା କୃଷ୍ଣଙ୍କ ସହିତ ଏକାତ୍ମ ହୋଇ ଯାଇଥିବେ, କିନ୍ତୁ ସଦାସର୍ବଦା ବ୍ୟର୍ଥ ହୋଇ ଅଥଚ ସଦାସର୍ବଦା ବ୍ୟର୍ଥତାର ଅନୁଭୂତି ଚୂଡ଼ାନ୍ତ ନୁହେଁ ଏପରିକି ପ୍ରାସଙ୍ଗିକ ନୁହେଁ ପ୍ରତିପାଦନ କରି ତାଙ୍କର ଜୀବନକାଳ ବା ଅନ୍ତତଃ ଜୀବନକାଳର ସର୍ବଶ୍ରେଷ୍ଠ ଭାଗ କଟି ଯାଇଥିବ । ଏ ମୁହୂର୍ତ୍ତଗୁଡ଼ିକ ନିଶ୍ଚୟ ଅପରିସୀମ ଦାମ୍ଭିକତାର ମୁହୂର୍ତ୍ତ । ଉଦ୍ଧାରର କିଛି ଆଶା ନଥିବାର ବା ସାନ୍ତ୍ୱନାର ଟିକିଏ ବି ଭିତ୍ତି ନଥିବାର ଅବସ୍ଥାରେ ହିଁ ପ୍ରକୃତ ଦାମ୍ଭିକତା ଦେଖିବାକୁ ମିଳେ । ଆଶା ଥିଲେ ଦାମ୍ଭିକତା ଅନାବିଳ ହୋଇ ରହିନଥାନ୍ତା, ଆଶାମିଶ୍ରିତ ହୋଇ ଯାଇଥାନ୍ତା ଏବଂ ଆଶାରୁ ଶକ୍ତି ଓ ଉତ୍ସାହ ସଂଗ୍ରହ କରିଥାନ୍ତା । ପ୍ରକୃତ ଦାମ୍ଭିକତା କ୍ଷତବିକ୍ଷତ ଓ ରକ୍ତାକ୍ତ ହୋଇ ପଡ଼ିଲେ ବି ଉପଶମ କି ସାନ୍ତ୍ୱନା ଖୋଜି ବା ଟିକିଏ ନିଃଶ୍ୱାସ ନେବା ପାଇଁ କି ଆରୋଗ୍ୟ ଲାଭ କରିବା ପାଇଁ ନିଜର ଏକାଗ୍ର, ନିରବଚ୍ଛିନ୍ନ ଲୋଡ଼ିବାକୁ ବ୍ୟାହତ କରେ ନାହିଁ । ଏ ମୁହୂର୍ତ୍ତଗୁଡ଼ିକ ଅପରିସୀମ ନିଃସଙ୍ଗତାର ମୁହୂର୍ତ୍ତ ଯେତେବେଳେ ନିଜ ଛଡ଼ା ପାଖରେ କେହି ନଥାନ୍ତି, ଯେତେବେଳେ ନିଜର ଭାବ ପ୍ରକଟ କରି ହୁଏ ନାହିଁ ସେତେବେଳେ ନିଜକୁ ଅନ୍ୟ କାହା ସହିତ ବା ଅନ୍ୟ କିଛି ସହିତ ସଂଲଗ୍ନ କରି ହୁଏ ନାହିଁ । ଏ ମୁହୂର୍ତ୍ତଗୁଡ଼ିକ ଅବଶେଷରେ ରହିଲେ ନାହିଁ ବୋଲି ଏବଂ ଅବଶେଷରେ ରାଧା ନିଜର ଈପ୍‌ସିତ ଲକ୍ଷ୍ୟ ସହିତ ମିଳିତ ହେଲେ ବୋଲି ସେତେବେଳର ଯନ୍ତ୍ରଣା ଓ ନିଃସଙ୍ଗତା ମିଛ ହୋଇଯାଇ ନାହିଁ । ଯେଉଁଠି ଏ ନିଃସଙ୍ଗତା ସ୍ୱୀକୃତ ହୁଏ ନାହିଁ, ସେଠାରେ ପରବର୍ତ୍ତୀ କାଳର ମିଳନର ବି କିଛି ପ୍ରକୃତ ତାତ୍ପର୍ଯ୍ୟ ରହେନାହିଁ କାରଣ କେବଳ ପୃଥକ୍ ସତ୍ତାମାନେ ହିଁ ମିଳିତ ହୋଇପାରନ୍ତି । ରାଧା ଓ କୃଷ୍ଣ ସବୁବେଳେ ଏକ ଓ ଅଭିନ୍ନ ବୋଲି ଭାବୁଥିବା ଦୃଷ୍ଟିକୋଣ ସେମାନଙ୍କର ଏକତ୍ୱ ପ୍ରକୃତରେ ହୃଦୟଙ୍ଗମ କରିପାରେ ନାହିଁ ଯେହେତୁ ତାହା ସେମାନଙ୍କର ଅଲଗା ଅଲଗା ସ୍ଥିତିକୁ ହୃଦୟଙ୍ଗମ କରେ ନାହିଁ ।

ହୃଦୟର ଏ ଦମ୍ଭ ସହଜରେ ଆଖିରେ ପଡ଼େ ନାହିଁ; ତାକୁ ଢାଙ୍କି ରଖିଥିବା କୋମଳତା, ଆପଣାକୁ ନିଷ୍ଠିହ୍ନ କଲା ଭଳି ନମ୍ରତା, ମଧୁର ବଚନ ଓ ଆଚରଣ

ଫଳରେ ଅନ୍ତରାୟ। କଠୋର ଓ ବିପୁଳ ତାଚ୍ଛଲ୍ୟରେ ତା' ଉପରେ ଲଦି ଦିଆଯାଇଥିବା ନିୟତିକୁ ଅସ୍ୱୀକାର କରି ଚାଲିଛି ବୋଲି ଅନୁମାନ କରିହୁଏ ନାହିଁ। ନିଜପାଇଁ ସନ୍ତୋଷଜନକ ନିୟତିର ଉପାଦାନ ଖୋଜିବାକୁ ଆମ୍ଭ ନିଜର ସତ୍ତାର ଦୂରତମ ସୀମାନ୍ତଯାଏଁ ଚାଲିଯାଏ, ତା ସାଙ୍ଗରେ କେହି ନଥାନ୍ତି, ନିଜ ବିଷୟରେ ନିଜର ଚେତନା ବ୍ୟତୀତ ତା'ର ଅନ୍ୟ କିଛି ସାହା ଭରସା ନଥାଏ। ଏଭଳି ଆମ୍ଭ ଭଲପାଇବା ମାତ୍ରେ ହିଁ ଆମ୍ଭଚେତନା ବିସ୍ତୃତ ହୋଇ ବସେନାହିଁ, ବରଂ ଭଲପାଇବା ଭିତରେ ହିଁ ନିଜ ସତ୍ତାର ଆଗରୁ ଅନାବିଷ୍କୃତ ଇଲାକାମାନ ଆବିଷ୍କାର କରେ, ତା'ର ଆମ୍ଭଚେତନା ଆହୁରି ଗଭୀର, ଆହୁରି ଶାଣିତ ହୁଏ। ଏହା ତା'ର ଭଲପାଇବାର ସ୍ୱଚ୍ଛତାର ନୁହେଁ, ଭଲ ପାଇବାର ବିପୁଳତାର ପ୍ରମାଣ, ଆପଣାକୁ ସମୁଦାୟ ଭାବେ ଅର୍ପଣ କରିବାକୁ ପ୍ରସ୍ତୁତି। ପ୍ରଥମେ ନିଜକୁ ସମୁଦାୟ ଭାବେ ଉପଲବ୍ଧି କଲେ ହିଁ ପରେ ନିଜକୁ ସମୁଦାୟଭାବେ ଅର୍ପଣ କରିହେବ। ତା' ଆଗରୁ କେବଳ ନିଜ ସତ୍ତାର କ୍ରିୟଦଂଶ ହିଁ ଅର୍ପଣ କରିହେବ ଏବଂ କ୍ରିୟଦଂଶ ଅର୍ପିତ ନ ହୋଇ ରହିଯିବ। ଅର୍ପିତ ନ ହୋଇଥିବା ଅଂଶଟିର ଆଚରଣ ଖୁବ୍ ଅଲଗା ହୋଇପାରେ, ଭଲପାଇବାର ବିରୁଦ୍ଧାତ୍ମକ ବି ହୋଇପାରେ। ନିଃସଙ୍ଗତାର ସମ୍ପୂର୍ଣ୍ଣ, ପ୍ରଗାଢ ଅନୁଭୂତି ବ୍ୟତୀତ ସମୁଦାୟ ସତ୍ତାର ଭଲପାଇବା ସମ୍ଭବପର ନୁହେଁ। ଅଲଗା ଭାବେ ତିଷ୍ଠି ରହିବା ଅବସ୍ଥାରେ ପଦାର୍ପଣ କରିହେବ, ନାହିଁ କରିବାର ସବୁ ସମ୍ଭାବନା ନିଃଶେଷ କଲାପରେ ହିଁ ଅକୁଣ୍ଠିତ ଭାବେ ହିଁ କରିହେବ।

ହୃଦୟର ଦଂଶିଲାପଣ ତା'ର ନିଃସଙ୍ଗତାରୁ ତ ପ୍ରତୀତ ହୁଏ, ତା'ଛଡା ନିଜର ବିଶ୍ୱାସର ଓ ନିଜର ଆଚରଣର ମୂଲ୍ୟ ଦେବାକୁ ପଞ୍ଚାତ୍ପଦ ନହେବା ଅବସ୍ଥାରୁ ବି ପ୍ରତୀତ ହୁଏ। ନିଜର ବିଶ୍ୱାସ ପାଇଁ ଦଣ୍ଡିତ ନ ହେବାଯାଏଁ ବିଶ୍ୱାସ ପ୍ରତି ଆନୁଗତ୍ୟ ସମ୍ପୂର୍ଣ୍ଣ ଓ ଏକାନ୍ତିକ ନା ତା'ର ଦଉତ ଇନ୍ଦ୍ରିୟାନୁଭୂତି ଅପ୍ରୀତିକର ନ ହେବା ଯାଏଁ କହିବା ମୁସ୍କିଲ। ଅନେକେ ଖୁବ୍ ଉତ୍ସାହ ସହକାରେ ଉର୍ଦ୍ଧ୍ୱଶ୍ୱ ଆଦର୍ଶଟିଏ ପୋଷଣ କରିଥାନ୍ତି, କିନ୍ତୁ ଯେଉଁ ଅବସ୍ଥାରେ ଆଦର୍ଶଟିଏ ସେମାନଙ୍କର ସୁଖ ସ୍ୱାଚ୍ଛନ୍ଦ୍ୟ ଦାବି କରି ବସିବ ସେ ଅବସ୍ଥାରେ ପହଞ୍ଚିବାକୁ ନାରାଜ। ଅନ୍ୟ କେତେକେ ସେ ଅବସ୍ଥାରେ ପହଞ୍ଚନ୍ତି କିନ୍ତୁ ସେ ଦାବି ପୁରଣ କରିବାକୁ ମନା କରି ଦିଅନ୍ତି। ଉଭୟ କ୍ଷେତ୍ରରେ ବିଶ୍ୱାସ ଦୈନନ୍ଦିନ ଜୀବନ ସହିତ ସାଲିସ୍ କରେ ଏବଂ ସାଲିସ୍ କରିବା ଫଳରେ ନିୟତିକୁ ଇଚ୍ଛାମତେ ବଦଳାଇ ପାରିବାର କ୍ଷମତା ହରାଇବସେ। ତାହା ଜୀବନକୁ ଚିରାଚରିତ ଓ ପୂର୍ବନିର୍ଦ୍ଦିଷ୍ଟ ମାର୍ଗରୁ ଉଠାଇ ଆଣି ଅନ୍ୟ ମାର୍ଗରେ ପରିଚାଳିତ କରିପାରନ୍ତା। ମୃତ୍ୟୁ ଆସିଥାନ୍ତା ନିଶ୍ଚୟ, କିନ୍ତୁ ଆସିଥାନ୍ତା ତା'ର ଅନୁମତି ପାଇବା ପରେ ଓ ତା'ର

ଇଚ୍ଛାରେ। ଗତାନୁଗତିକତାର ଦୁନିଆଁ ଓ ଅଭୀପ୍‌ସାର ଦୁନିଆଁ ଭିତରୁ ଆମ୍ଭେ ଦ୍ୱିତୀୟଟିକୁ ବାଛିଥାନ୍ତୁ ଏବଂ ପ୍ରଥମଟିକୁ ବର୍ଜନ କରିଥାନ୍ତୁ କାରଣ ତାହା ସୀମିତ ଓ ଅନ୍ୟ ସବୁକୁ ସୀମିତ କରେ। ତା' ପରିବର୍ତ୍ତେ ଆମ୍ଭେ ଏପରି ଏକ ଲୋକର ବଶବର୍ତ୍ତୀ ହୋଇପଡେ ଯାହା ଭୀରୁତାର ଉପାଦାନ। ଆମ୍ଭର ଦମ୍ଭ ଥିଲେ ସେ ନିତିଦିନିଆ ଦୁନିଆଁକୁ ଆକର୍ଷକ ମଣିନଥାନ୍ତା, ନିଜ ବିଶ୍ୱାସର ପ୍ରତ୍ୟେକ ଦାବି ଆକୁଣ୍ଠିତ ଭାବେ ପୂରଣ କରିଥାନ୍ତା। ମୃତ୍ୟୁ ବିଷୟରେ କୌଣସି ପ୍ରମାଦପୂର୍ଣ୍ଣ ଧାରଣା ନ ଥିଲେ ବି ଆମ୍ଭେ ନିଶ୍ଚିତ ଭାବେ ଜାଣିଥାନ୍ତୁ ଯେ ନିତିଦିନିଆ ଜୀବନ ବଞ୍ଚିବାଲାୟକ୍‌ ନୁହେଁ। ମୃତ୍ୟୁଦଣ୍ଡରେ ଦଣ୍ଡିତ ହେଲା ପରେ ସକ୍ରେଟିସ୍ ତାଙ୍କ ବିରୁଦ୍ଧରେ ଅଭିଯୋଗ ଆଣିଥିବା ଲୋକଙ୍କୁ କହିଥିଲେ-"ବର୍ତ୍ତମାନ ଆମେ ନିଜ ନିଜ ବାଟରେ ଯିବା- ତମେ ଜିବ ବଞ୍ଚି ରହିବାକୁ, ମୁଁ ଯିବି ମରିବାକୁ, କେଉଁ ବାଟଟି ଶ୍ରେୟସ୍କର ତାହା ଈଶ୍ୱରଙ୍କୁ ହିଁ ଗୋଚର।"

ଏଥିରେ ଯୁକ୍ତି କରାଯାଇପାରେ, ରାଧାଙ୍କର ପ୍ରକୃତ ସାହସ ଥିଲେ କୃଷ୍ଣଙ୍କ ସହିତ ମିଳନ ଅସମ୍ଭବ ବୋଲି ଜାଣିଲା ପରେ ସେ ଆତ୍ମହତ୍ୟା କରିଥାନ୍ତେ। ଆମ୍ଭହତ୍ୟା ପରମ ସାହସର ନା ପରମ ଭୀରୁତାର ପରିଚାୟକ ତାହା ଯୁକ୍ତିସାପେକ୍ଷ, କିନ୍ତୁ ଏଥିରେ ସନ୍ଦେହ ନାହିଁ ଯେ କେତେକ ପରିସ୍ଥିତିରେ ବଞ୍ଚିରହିବା ସ୍ୱେଚ୍ଛାକୃତ ମୃତ୍ୟୁ ଅପେକ୍ଷା ଅଧିକ ଦୁଃସାହସିକ କାର୍ଯ୍ୟ। ଆମ୍ଭଘାତୀ ତା' ଜୀବନକୁ ନିର୍ଯାତିତ କରୁଥିବା ଘଟଣାର ବା ଶକ୍ତିର ଧରାକ୍ରମ ସ୍ୱୀକାର କରିଯାଏ ଏବଂ ଏପରି ଘଟଣା ବା ଶକ୍ତି ସହିତ ତା ଜୀବନର ମୁକାବିଲା ବେଳେ ଆମ୍ଭହତ୍ୟା କରି ତା' ଦୃଷ୍ଟିରେ ଯାହା ବେଶୀ ପରାକ୍ରମଶାଳୀ ତା'ର ପ୍ରାଧାନ୍ୟ ପ୍ରତିପାଦନ କରେ। ନିଜ ଅଜ୍ଞାତସାରରେ ସେ ନିଜ ଜୀବନର ବିରୁଦ୍ଧାତ୍ମକ ଶକ୍ତି ତରଫର ହୋଇଯାଏ, ସେ ଶକ୍ତିକୁ ପ୍ରତିରୋଧ କରିବାର ସାହସକୁ ଦୁର୍ବଳ କରିପକାଏ। ଏପରି ଶକ୍ତିକୁ ସେ ଖୁବ୍ ସମ୍ମାନ ଦିଏ, ତା' ପାଖରେ ଆମ୍ଭ ସମର୍ପଣ କରେ, ଏବଂ ତା' ସହିତ ଜୀବନର ସଂଘର୍ଷରେ ଜିତାପଟ ତା'ର ବୋଲି ମାନିଯାଏ। ଆମ୍ଭହତ୍ୟା କରି ହୁଏତ ସେ କିଛି ସାହସର ପରିଚୟ ଦିଏ, କିନ୍ତୁ ତଦ୍ୱାରା ନିଜ ଜୀବନର ପ୍ରତିକୂଳ ଶକ୍ତିକୁ ସେ ପ୍ରତିରୋଧ କରିପାରିବ ନାହିଁ ବୋଲି ବି ପ୍ରମାଣ କରେ। ଏ ସଂଘର୍ଷ ଚାଲୁ ରହିଥିବା ବେଳେ ସେ ଆମ୍ଭହତ୍ୟା କରୁନାହିଁ ସେ ହୁଏତ ପ୍ରତିକୂଳ ଶକ୍ତିର ସାମର୍ଥ୍ୟ ନିଜର ସାମର୍ଥ୍ୟ ସହିତ ତଉଲି ସାରିଛି ଏବଂ କାକୁସ୍ଥ ହୋଇ ଛତ୍ରଭଙ୍ଗ ଦେବାର କୌଣସି କାରଣ ନାହିଁ ବୋଲି ବୁଝିପାରିଛି। ପ୍ରତିକୂଳ ଶକ୍ତିକୁ ଆମ୍ଭପ୍ରତ୍ୟୟ ସହିତ, ଏପରିକି କିଛି ଅବଜ୍ଞା ସହିତ ମୁକାବିଲା କରିବାକୁ ସେ ହୁଏତ ଶିଖିଛି। ବଞ୍ଚିବାର ଲାଳସା ତା'ର ଖୁବ୍ ବେଶୀ ବା ସେ ମରିବାକୁ ଡରୁଛି ବୋଲି କହିବା ଠିକ୍ ହେବ ନାହିଁ; ତା'ର ନିଜ ଜୀବନ ଖୁବ୍ ସନ୍ତୋଷଜନକ ନୁହେଁ କି

ଅସାଧାରଣ ସମ୍ଭାବନାରେ ପରିପୂର୍ଣ୍ଣ ନୁହେଁ ବୋଲି ସେ ଜାଣେ, କିନ୍ତୁ ସେ ଏହା ବି ଜାଣେ ଯେ, ତା'ର ପ୍ରତିକୂଳ ଶକ୍ତିର ସବୁ ଆସ୍ଫାଳନ ସୁଆଙ୍ଗ ଛଡ଼ା କିଛି ନୁହେଁ, ଖୁବ୍ ବେଶିରେ ତାହା ବେଳ ଉଣ୍ଟି ଟିକିଏ ଅସୁବିଧା ସୃଷ୍ଟି କରିବା ଛଡ଼ା ଆଉ କିଛି କରିପାରିବ ନାହିଁ। ତା' ପକ୍ଷରେ ପ୍ରତିକୂଳ ଶକ୍ତି ତା' ନିଜ ଜୀବନର ଚୌହଦୀ ଭିତରେ ଅବସ୍ଥିତ ଓ ତା' ନିଜ ଜୀବନର ଗୋଟିଏ ଘଟଣା ଯାହା ଅନ୍ୟାନ୍ୟ ସବୁ ଘଟଣା ପରି ଓ ସେ ଶେଷ ନିଃଶ୍ୱାସ ଛାଡିବା ମାତ୍ରେ ହିଁ ନିଶ୍ଚିହ୍ନ ହୋଇଯିବ। ସେ ଘଟଣାର କୌଣସି ଚୂଡ଼ାନ୍ତ, ଚିରନ୍ତନ ତାତ୍ପର୍ଯ୍ୟ ନାହିଁ। ଏପରି ଅବରୋଧ ଫଳରେ ସେ ଖୁବ୍ ଦମ୍ଭ ଆସିଯାଏ, କିନ୍ତୁ ଆମୃଘାତୀର ଏ ଅବରୋଧ ନଥିବାରୁ ସେ ଘଟଣାଟିକୁ ଅଯଥା ତାତ୍ପର୍ଯ୍ୟ ଓ କଳ୍ପିତ ପରମାୟୁରେ ମଣ୍ଡିତ କରେ।

ରାଧା କାହିଁକି ଆମ୍ଘହତ୍ୟା କରିଥାନ୍ତେ ? ସେ ମୂଳରୁ ଜାଣିଥିଲେ ଯେ କୃଷ୍ଣଙ୍କ ସହିତ ଏକାଠି ରହିବା କଦାପି ସମ୍ଭବପର ହେବ ନାହିଁ। ଏହା ନିଶ୍ଚୟ କିଛିଟା ହତାଶାର କାରଣ ହୋଇଥିବ, କିନ୍ତୁ ଏ ହତାଶା ବରଦାସ୍ତ କରିବା ପାଇଁ ସେ ନିଜ ଅନ୍ତରାମ୍ଭାରେ ପ୍ରସ୍ତୁତ ହୋଇଥିବେ। ଏ ହତାଶା କଦାପି ଅଚାନକ ଭାବେ ଆସି ନଥିବ, ଏବଂ କାଳକ୍ରମେ ଦେହସୁହା ହୋଇଯାଇଥିବ ଏବଂ ତାଙ୍କର ସତ୍ତାକୁ ବିପର୍ଯ୍ୟସ୍ତ କରିବାର କ୍ଷମତା ହରାଇ ବସିଥିବ। ହତାଶା ସତ୍ତ୍ୱେ ତାଙ୍କର ଯେତେଦିନ ବଞ୍ଚିବା କଥା ସେ ବଞ୍ଚିଲେ ଏବଂ ତଦ୍ଦ୍ୱାରା ନିଜ ଜୀବନ ଉପରେ ହତାଶାର କୌଣସି କର୍ତ୍ତୃତ୍ୱ ନାହିଁ ବୋଲି ପ୍ରମାଣିତ କଲେ। କୃଷ୍ଣଙ୍କ ପ୍ରତି ତାଙ୍କର ପ୍ରୀତି ନିଶ୍ଚୟ ଅଭୁତ ଓ ବିପୁଳ, କିନ୍ତୁ ଏବେ ଦମ୍ଭ ନଥିବା ହୃଦୟରେ ଏ ପ୍ରୀତି ଅଙ୍କୁରିତ ହୋଇପାରିନଥାନ୍ତା, ହୋଇଥିଲେ ବି ତିଷ୍ଠି ରହିପାରିନଥାନ୍ତା। କାବ୍ୟ କବିତାରେ କୁହାଯାଇଛି ଯେ, ଘନକୃଷ୍ଣ ମେଘ ଦେଖିଲେ ରାଧାଙ୍କର କୃଷ୍ଣ ଖୁବ୍ ମନେ ପଡୁଥିଲେ ଓ ସେ ଚେତନା ହରାଇ ବସୁଥିଲେ, ବିଚ୍ଛେଦର ପ୍ରତ୍ୟେକ ରାତି ଓ ପ୍ରତ୍ୟେକ ମୁହୂର୍ତ୍ତ ସେ ଦୁଃସହ ଯନ୍ତ୍ରଣାରେ ଓ ଘନଘନ ଦୀର୍ଘଶ୍ୱାସରେ ଅତିବାହିତ କରୁଥିଲେ, କୃଷ୍ଣଙ୍କର ଖବର ଟିକିଏ ଶୁଣିବା ପାଇଁ ସେ ଅସମ୍ଭାଳ ହୋଇ ପଡୁଥିଲେ। ଏ ସବୁ ସତ ହୋଇଥାଇପାରେ, କିନ୍ତୁ ଏଥିରୁ ରାଧା ଦୁର୍ବଳମନା ଥିଲେ ବୋଲି ପ୍ରମାଣିତ ହେଉନାହିଁ, ବରଂ ନିଜ ଶକ୍ତି ଉପରେ ତାଙ୍କର ତିଳେମାତ୍ର ସନ୍ଦେହ ନଥିଲା ବୋଲି ଜଣାପଡୁଛି। ନିଜର ଆବେଗକୁ ସେ ନିୟନ୍ତ୍ରଣ କରୁନଥିଲେ କାରଣ ସେ ଜାଣିଥିଲେ ଯେ, ତାଙ୍କର ଆବେଗ କଷ୍ଟିନ୍କାଳେ ତାଙ୍କର ଲକ୍ଷ୍ୟର, ଅର୍ଥାତ୍ କୃଷ୍ଣପ୍ରାପ୍ତିର ବିରୁଦ୍ଧାଚରଣ କରିବାର କୌଣସି ଆଶଙ୍କା ନଥିଲା। ଏହି ମାର୍ଗରେ ହିଁ ସେ ନିଜର ଲକ୍ଷ୍ୟର ସମୀପବର୍ତ୍ତୀ ହେଉଥିଲେ। ଯଦି ସେ ଭାବାବେଶକୁ ସୀମିତ ଓ ଅବରୁଦ୍ଧ କରିଥାନ୍ତେ, ତାଙ୍କର କୃଷ୍ଣ - ଉପଲବ୍ଧି ଏତେ ଏକାନ୍ତିକ

ହୋଇନଥାନ୍ତା। ଯାହା ଆପାତତଃ ଅସ୍ଥିରତା ଓ ଦୁର୍ବଳତା ବୋଲି ଜଣାପଡୁଥିଲା, ତାହା ଆମର ଆତ୍ମବିଶ୍ୱାସ ଓ ଅବିଚଳିତ ଏକାଗ୍ରତାର ପରିଣତି।

ଆତ୍ମହତ୍ୟା ସବୁବେଳେ ଓ ସବୁ ପରିସ୍ଥିତିରେ ବଞ୍ଚି ରହିବାଠାରୁ ହୀନ ବୋଲି କହିହେବ ନାହିଁ। ସେତେବେଳେ ଆମ୍ଭେ ନିଜ ଜୀବନ ବାହାରେ ଠିଆ ହୋଇ ରହେ ଏବଂ ଜୀବନ ସମାପ୍ତ ନ ହେଲେ ଲଜ୍ଜା ସମାପ୍ତ ହେବ ନାହିଁ ବୋଲି ଜୀବନକୁ ସମାପ୍ତ କରିଦିଏ। କୃଷ୍ଣଙ୍କ ଭଲପାଇବା ଯଦି ଏକ ଲଜ୍ଜାଜନକ ବ୍ୟାପାର ବୋଲି ରାଧା ଭାବୁ ନ ଥିଲେ, ଯଦି ବରଂ ସେ ଭାବୁଥିଲେ ଯେ କୃଷ୍ଣଙ୍କ ଭଲ ପାଇବା ତାଙ୍କ ଆମର ସର୍ବଶ୍ରେଷ୍ଠ ଗୌରବ, କେବଳ ଅନ୍ୟମାନଙ୍କର ସନ୍ତୋଷବିଧାନ ପାଇଁ ସେ ଆତ୍ମହତ୍ୟା କରିଥାନ୍ତେ ବୋଲି ଭାବିବା ମୂର୍ଖାମି ହେବ। ଅନ୍ୟମାନଙ୍କ ସନ୍ତୋଷବିଧାନ ପାଇଁ ଜଣେ ବଞ୍ଚି ରହିପାରେ, କିନ୍ତୁ କେବଳ ନିଜର ସନ୍ତୋଷ ପାଇଁ ହିଁ ଆତ୍ମହତ୍ୟା କରାଯାଏ। ଅନ୍ୟମାନଙ୍କର ତାଙ୍କ ପ୍ରତି ବିମୁଖତା ଓ ଅସହିଷ୍ଣୁତା ଫଳରେ ସେ ବଞ୍ଚି ରହିବାକୁ ଆହୁରି ଦୃଢ଼ ପ୍ରତିଜ୍ଞ ହୋଇଥିବା ବି ସମ୍ଭବ। ସମାଜରେ ଚଳିବା ଯେତେ ବେଶୀ ଦୁଃସହ ହୋଇ ଉଠିବ ସେ ସେତେବେଶୀ ନିଜ ଭିତରେ ଆଶ୍ରୟ ଖୋଜି ବସିଥିବେ ଏବଂ ତା'ଫଳରେ ନିଜର ସ୍ୱତନ୍ତ୍ର ବ୍ୟକ୍ତିସଭା ବିଷୟରେ ବେଳକୁ ବେଳ ବେଶୀ ସଚେତନ ହୋଇ ଉଠିବେ। ନିଜ ବ୍ୟତୀତ ସେ ଆଉ କାହା ଉପରେ ନିର୍ଭର କରି ପାରିଥାନ୍ତେ, ଆଉ କାହା ସହିତ ଏତେ ଘନିଷ୍ଠ ସମ୍ପର୍କ ସ୍ଥାପନ କରିପାରିଥାଆନ୍ତେ ? ସେ ବୁଝିଥିବେ ଯେ ସେ ଜଣେ ଅଲଗା. ମଣିଷ, ଆଉ କାହାର ନକଲ ନୁହଁନ୍ତି, ଏବଂ କୌଣସି ସମ୍ପର୍କ (କୃଷ୍ଣଙ୍କ ସହିତ ସମ୍ପର୍କ ସମେତ) ତାଙ୍କର ବ୍ୟକ୍ତିସଭା ନୁହେଁ, ବ୍ୟକ୍ତି ସଭାର ଆଚରଣ ମାତ୍ର। ସେ ଆଚରଣ ଖୁବ୍ ଏକାନ୍ତିକ ହୋଇପାରେ, କିନ୍ତୁ ଆଚରଣର କର୍ତ୍ତା ଆଚରଣ ନୁହେଁ, ସେ ପୃଥକ୍, ଏକୁଟିଆ। ଏମିତି ଏକୁଟିଆ ଲାଗୁଥିଲା ବେଳେ ଖୁବ୍ ଆତଙ୍କ ବି ଲାଗେ କାରଣ ଚେତନାକୁ ନାନାଦି ଜଞ୍ଜାଳ, ନାନାଦି ସମ୍ପର୍କ ଭିତରେ ନିମଜ୍ଜିତ କରି ରଖା ହୁଏ ନାହିଁ କି ବ୍ୟକ୍ତି ସଭା ଦିନକୁ ଦିନ ମୃତ୍ୟୁର ପାଖକୁ ପାଖକୁ ଯାଉଛି ବୋଲି ଏବଂ ଦିନେ ପୂରା ନିଷ୍ଠିଭ ହୋଇଯିବ ବୋଲି ଭୁଲିଯାଇ ହୁଏ ନାହିଁ। ଅନ୍ୟତ୍ର କେଉଁଠି ଚେତନାକୁ ମୁହୂର୍ତ୍ତକ ପାଇଁ ଆତ୍ମବିସ୍ମୃତ କରିଦେବାକୁ, ମୁହୂର୍ତ୍ତକ ପାଇଁ ଆମୋଦିତ କରିବାକୁ କିଛି ନଥାଏ, ସୁତରାଂ ତାହା ସବୁବେଳେ ଆତ୍ମସଚେତନ, ସବୁବେଳେ ନିଜ ବିଳୟର ଅନିବାର୍ଯ୍ୟତା ବିଷୟରେ ଅବହିତ। ଯଦି ଜୀବନକାଳ ଭିତରେ ମୃତ୍ୟୁକୁ ଅବାନ୍ତର କରିଦେଲା ଭଳି କିଛି ସମ୍ପର୍କ ସମ୍ଭବପର ହେଲା ନାହିଁ ଓ ବ୍ୟକ୍ତିସଭାର ନିଃସଙ୍ଗତାବୋଧ ଲାଘବ ହେଲା ନାହିଁ, ମୃତ୍ୟୁ ପରେ ଏକ ଅବିନଶ୍ୱର ଓ ଅଲୌକିକ ତାତ୍ପର୍ଯ୍ୟପୂର୍ଣ୍ଣ ସମ୍ପର୍କ ଭିତରେ ବଞ୍ଚି ରହିହେବ ବୋଲି ବିଶ୍ୱାସ କରିବା ସହଜ ନୁହେଁ।

ତା' ସଙ୍ଗେ ଏପରି ସମ୍ପର୍କ ରହିତ, ନିଃସଙ୍ଗ ଅବସ୍ଥାରେ ହିଁ ସବୁଠୁ ବେଶି ଭଲ ପାଇ ହୁଏ। ସେ ଭଲ ପାଇବାରେ ବିହ୍ୱଳ ହୋଇ ନିଜକୁ ଭୁଲିଯିବା ଘଟେ ନାହିଁ କି ମୃତ୍ୟୁକୁ ପରାଭୂତ କରିହେବ ବୋଲି ପ୍ରହେଳିକା ନଥାଏ। ସେ ଭଲପାଇବା ଖୁବ୍ ପ୍ରଗାଢ଼ ଯେହେତୁ ତାହା ହତାଶା ଉପରେ ପ୍ରତିଷ୍ଠିତ। ଜୀବନକାଳ ପରେ କ'ଣ ଅଛି ସେ ବିଷୟରେ ଚିଉ ନିଃସ୍ନ୍ଧ, ଏବଂ ଯଦି ଚିଉ ଭଲ ପାଇବାକୁ ଠିକ୍ କରେ, ତେବେ ଅନ୍ୟ ଏକ ଜଗତରେ ଓ ଅନ୍ୟ ଏକ କାଳରେ ସମ୍ଭବିତ ତୃପ୍ତିର ଆଶାରେ ନିଜର ଭଲ ପାଇବାକୁ ଆବିଳ କରେ ନାହିଁ। ତା ଦୃଷ୍ଟିରେ ଅନ୍ୟ ଜଗତ ନାହିଁ, ଅନ୍ୟ କାଳ ନାହିଁ, ତେଣୁ ଚପଳ ରସିକତା ନାହିଁ କି ଅନନ୍ତ ସମୟ ଆଗକୁ ପଡ଼ିଛି ବୋଲି ଭାବି ଉପସ୍ଥିତ ସମୟକୁ ବିନିର୍ବ୍ୟୟ କରିବାର ପ୍ରବୃତ୍ତି ନାହିଁ। ଯାହା ସେ ଭଲ ପାଇବାର ଉପାଦାନ ନୁହେଁ ତା' ପାଇଁ ପରମାୟୁରେ ଜାଗା ନାହିଁ। ପ୍ରିୟ ବ୍ୟକ୍ତିକୁ ବୁଝିବାର ଓ କ୍ଷମା ଦେବାର ସାମର୍ଥ୍ୟ ବି ଯଥେଷ୍ଟ ବଢ଼ିଯାଏ କାରଣ ଅନ୍ତରାତ୍ମା ବୁଝି ସାରିଥାଏ ଯେ ନିଜ ଦୃଷ୍ଟିରେ ସର୍ବତୋଙ୍କଭାବେ ସନ୍ତୋଷଜନକ ସମାଧାନଟିଏ ଖୋଜୁ ଖୋଜୁ ବେଳ ଗଡ଼ିଯିବ। କୃଷ୍ଣ ବୃନ୍ଦାବନ ଛାଡ଼ି ଚାଲିଯିବା ପରେ ରାଧା ତାଙ୍କୁ ଦୋଷ ଦେଉଥିବେ, ତାଙ୍କଠାରେ ଦାୟିତ୍ୱହୀନତା, ଲମ୍ପଟତା, ବିଶ୍ୱାସଘାତକତା, ଉଦାସୀନତା, ନିର୍ଦ୍ଦୟତା ଇତ୍ୟାଦି ଆରୋପ କରିଥିବେ ବା ମିଳାମିଶାର କିଛି ସୁବିଧା କରିବାକୁ ଅଳି କରିଥିବେ ବୋଲି ମୁଁ କଦାପି କଳ୍ପନା କରିପାରୁନାହିଁ। ଏପରି ଆଚରଣର କିଛି ଅର୍ଥ ନାହିଁ ବୋଲି ସେ ନିଶ୍ଚୟ ବୁଝିଥିବେ। ମୂଳରୁ ହିଁ ତାଙ୍କର କିଛି ମନୋରଥ ନଥିଲା, ସୁତରାଂ ସେ ବ୍ୟର୍ଥମନୋରଥ ହେବା ପ୍ରଶ୍ନ ଉଠୁନାହିଁ, ଖାଲି ଯାହା କୃଷ୍ଣଙ୍କର ପ୍ରୟୋଜନ ବେଳେ ସେ ତାଙ୍କୁ ସହାନୁଭୂତି ଓ ସାନ୍ନିଧ୍ୟ ଦେଇପାରିନଥିବା ଶୋଚନାରେ ସନ୍ତପ୍ତ ହୋଇଥିବେ। କେତେକ ଚିଉବୃଉି ପକ୍ଷରେ ପାଇନପାରିବାଠାରୁ ଦେଇ ନପାରିବା ବେଶି ଦୁଃଖର କାରଣ।

ରାଧାଙ୍କ ବିଷୟରେ ଯେତେ କହିଲେ ବି ବକ୍ତବ୍ୟ ଅସମାପ୍ତ ରହିଯିବ। ଯେତେ ବେଶି କୁହାଯିବ ସେତେ ବେଶି ଲାଗିବ ଯେ ସବୁଠୁଁ ଗୁରୁତ୍ୱପୂର୍ଣ୍ଣ କଥା କହି ହେଲା ନାହିଁ। ବେଳେବେଳେ ସ୍ୱପ୍ନରେ ଏମିତି ହୁଏ, ସ୍ୱପ୍ନ ଦେଖୁଥିବା ଲୋକକୁ ଲାଗେ ଯେ ସେ ଅନନିଃଶ୍ୱାସୀ ହୋଇ କହିଚାଲିଛି ଅଥଚ ତା'ର ଅସଲ ଉଦ୍ଦେଶ୍ୟକୁ ପ୍ରକଟ କରିପାରୁନାହିଁ। ବାସ୍ତବିକ ସେ ଚୁପ୍‌ଚାପ୍ ଶୋଇ ରହିଥାଏ, କିଛି ବୋଲି କିଛି କହିନଥାଏ, କିନ୍ତୁ ସ୍ୱପ୍ନରେ ବହୁତ କଥା କହୁଥିବା ପରି ଜଣାପଡ଼େ। ରାଧା ତାଙ୍କ ବିଷୟରେ କୌଣସି ଆଲୋଚନାକୁ ପ୍ରଶ୍ରୟ ଦିଅନ୍ତି ନାହିଁ; ଆଲୋଚନା କରିବାକୁ ଚାହୁଁଥିବା ଲୋକକୁ ତା'ର ଅସାମର୍ଥ୍ୟ ଅନାୟାସରେ ବୁଝାଇ ଦିଅନ୍ତି, ଏବଂ ତା'

ସତ୍ତ୍ୱେ ଯଦି ସେ ଆଲୋଚନା କରିବା ଇଚ୍ଛା ପରିହାର ନକରେ ତା'ର ଚେତନାକୁ ମହାଘୋର ଅବସାଦରେ ଆଚ୍ଛନ୍ନ କରିଦିଅନ୍ତି । ସେ ଅବସାଦ ହେଉଛି କାଳକାଳ ଧରି କଥା କହିବାର ପ୍ରଚେଷ୍ଟା ସତ୍ତ୍ୱେ କୌଣସି ଅର୍ଥପୂର୍ଣ୍ଣ ଉଚ୍ଚାରଣ ନକରିପାରିବାର ଅବସାଦ, ଆଜୀବନ ବୃଥାରେ କାଳକ୍ଷେପଣ କରିଥିବାର ଅବସାଦ । ସେତେବେଳେ ଲାଗେ ଯେ ସଚରାଚର ନୀରବ, ଶୂନ୍‌ଶାନ୍; ଯାହା ଯାହା କୁହାଯାଇଛି ତାହା ଅଚିରେ ଏଇ ପରବର୍ତ୍ତୀ ବକ୍ତବ୍ୟ ଦ୍ୱାରା ନାକଚ ହୋଇଯାଇଛି ଏବଂ ନାକଚ ନ ହୋଇଥିବା କୌଣସି କଥା ରହିନାହିଁ । ବୈଶିଷ୍ଟ୍ୟ ନଥିବା ବ୍ୟକ୍ତିତ୍ୱମାନଙ୍କୁ ବୁଝିବା କଷ୍ଟକର ନୁହେଁ, ସେମାନଙ୍କୁ ପୂର୍ବପର ସଙ୍ଗତ ଥିବା ଓ ବ୍ୟାକରଣସଙ୍ଗତ ଭାଷାରେ ବର୍ଣ୍ଣନା କରିହୁଏ । ଆଉ କେତେକ ବ୍ୟକ୍ତିତ୍ୱରେ କିନ୍ତୁ ଆମକୁ ପରସ୍ପର ବିରୋଧୀ ଜଣାପଡୁଥିବା ନାନାଦି ଗୁଣ ଏକତ୍ର ଦେଖିବାକୁ ମିଳେ; ସେମାନଙ୍କୁ ହୃଦୟଙ୍ଗମ କରିବା ଓ ବର୍ଣ୍ଣନା କରିବା ଆମର ଶକ୍ତିବହିର୍ଭୂତ । ସାଧାରଣ ବ୍ୟକ୍ତିତ୍ୱମାନଙ୍କୁ ଆମର ବୋଧଶକ୍ତି ନିଜେ ତିଆରି କରିଥିବା ଢାଞ୍ଚା ଭିତରେ ରଖିଦିଏ, ଢାଞ୍ଚା ବାହାରେ ଯାହା ରହିଯାଏ ତାକୁ କାଟିକୁଟି ଫିଙ୍ଗିଦିଏ । ଯେଉଁ ବ୍ୟକ୍ତିତ୍ୱ ଆମର ବୋଧଶକ୍ତିର ଉର୍ଦ୍ଧ୍ୱରେ ଅବସ୍ଥିତ ତାହା ବିଚିତ୍ର ଭାବେ ସୁସମାହିତ; ସେଥିରୁ କିଛି ବାଦ୍ ଦେବାକୁ ପଡେ ନାହିଁ କାରଣ ତା'ର ପ୍ରତ୍ୟେକ ଅଂଶ- ସେ ଅଂଶ ଆମକୁ ଖାପଛଡା ମନେ ହୋଇପାରେ- ଅନ୍ୟାନ୍ୟ ପ୍ରତ୍ୟେକ ଅଂଶ ସହିତ ତା'ର ନିଜସ୍ୱ ବିଶାଳତା ଭିତରେ ଆଶ୍ଚର୍ଯ୍ୟଜନକ ଭାବେ ଖାପ୍ ଖାଇଯାଏ । ସେ ବ୍ୟକ୍ତିତ୍ୱ ବେଳେବେଳେ ଖରାଦିନିଆ ସନ୍ଧ୍ୟାବେଳେ ବୋହୁଥିବା ପବନ ପରି-ପୁରାପୁରି ଶୀତଳ ନୁହେଁ, କିନ୍ତୁ ଶୀତଳତାର ପ୍ରତିଶ୍ରୁତିରେ ଓ ଫୁଲଙ୍କର ସୁବାସରେ ପରିପୂର୍ଣ୍ଣ । ତାକୁ ସାଧାରଣତଃ ବ୍ୟବହୃତ ଓ ନିୟମସିଦ୍ଧ ଭାଷାରେ ବର୍ଣ୍ଣନା କରିହୁଏ ନାହିଁ, ବର୍ଣ୍ଣନା କରିବାକୁ ହେଲେ ବାଚାଳତା ପାଇଁ ଆପ୍ରାଣ ଚେଷ୍ଟା କରିବାକୁ ହେବ । ସୁତରାଂ ଯଦି ଏ ପ୍ରବନ୍ଧରେ ରାଧାଙ୍କର ଚରିତ୍ର ଚିତ୍ରଣ ଅପୂର୍ଣ୍ଣ ଓ ଇତସ୍ତତଃ, ଯଦି ଏଥିରେ ବର୍ଣ୍ଣିତ ରାଧା କବିତାଗୁଡିକରେ ବର୍ଣ୍ଣିତ ରାଧାଙ୍କଠାରୁ ଅଲଗା (ଅଲଗା ବୋଲି ମୁଁ ଜାଣେ), ତେବେ ଏହି ଖରାଦିନିଆ ପବନ କଥା ମନେ ପକାଇ ମତେ କ୍ଷମା ଦେବାକୁ ମୁଁ ପାଠକମାନଙ୍କୁ ଅନୁରୋଧ କରିବି ।

କିନ୍ତୁ ଏ ପ୍ରବନ୍ଧ ସାରିବା ପୂର୍ବରୁ କୃଷ୍ଣ ଚାଲିଯିବା ପରେ, କୃଷ୍ଣଙ୍କ ସହିତ ମିଳନର ସବୁ ସମ୍ଭାବନା ଅତିକ୍ରାନ୍ତ ହୋଇଗଲା ପରେ ରାଧା କିପରି ଅବଶିଷ୍ଟ ପରମାୟୁ ଏକା ଏକା କାଟିଥିବେ ତା'ର ଯତ୍‌ସାମାନ୍ୟ ଉଲ୍ଲେଖ ଅପ୍ରାସଙ୍ଗିକ ହେବ ନାହିଁ । ସେ ନିଜ ସହିତ ଓ ବୃନ୍ଦାବନର ନଦୀ, ଆକାଶ, ବୃକ୍ଷଲତା ଇତ୍ୟାଦି ସହିତ ଏକାଟି ପଡି ରହିଥିବେ । କାଳକ୍ରମେ ପ୍ରକୃତି ବି ତା'ର ସାହଚର୍ଯ୍ୟ ଓ ସମଦୁଃଖୀପଣ କମାଇ ଦେଇଥିବ ।

କେତେଦିନ ଯାଏଁ ସିନା ସେ ଯମୁନାର କୁଲ୍‌କୁଲ୍‌ ଶବ୍ଦରେ କୃଷ୍ଣଙ୍କର ସ୍ୱର ଶୁଣିଥିବେ, ପ୍ରତ୍ୟେକ କୁଞ୍ଜରେ ତାଙ୍କର ମୂର୍ତ୍ତି ଦେଖୁଥିବେ, ପତ୍ର ଭିତରେ ପବନ ଶୀରଶୀର ହେଲାବେଳେ ଚମକି ପଡ଼ିଥିବେ, ଅନ୍ଧାର ଭିତରେ ଅନିର୍ବଚନୀୟ ରହସ୍ୟ ଓ ଅନିର୍ବଚନୀୟ ସୁଖର ବାଟ ଚାହିଁ ବସିଥିବେ, କିନ୍ତୁ କାଳକ୍ରମେ ପ୍ରକୃତି ସବୁ ତାତ୍ପର୍ଯ୍ୟ ହରାଇ ବସିଥିବ ଓ ନଦୀ, ମେଘ, ଫୁଲ, ଜହ୍ନ ଇତ୍ୟାଦି ପୁଣି ପୂର୍ବପରି ନିର୍ଜୀବ ଓ ଜଡ଼ ପଦାର୍ଥ ପାଲଟିଯାଇଥିବେ। ମଣିଷମାନେ ତ ଆଗରୁ ଅବାନ୍ତର ହୋଇ ସାରିଥିଲେ, ପରେ ପ୍ରକୃତି ବି ତାଙ୍କଠାରୁ ଦୂରେଇ ଯାଉଥିବ ଓ ସେ ପୂରାପୂରି ଏକୁଟିଆ ହୋଇ ରହିଯାଇଥିବେ। ଲୋକଙ୍କ ଭିତରେ ଓ ପ୍ରକୃତି ଭିତରେ ଚଳପ୍ରଚଳ ହେଉଥିବେ, ଅଥଚ କାହାରି ସହିତ ତାଙ୍କର କିଛି ସମ୍ପର୍କ ନଥିବ। ତା'ହେଲେ କ'ଣ ସେ ଖୁବ୍‌ ଦୁଃଖରେ ଜୀବନ ଅତିବାହିତ କରିଥିଲେ ? ବୋଧହୁଏ ନୁହେଁ, ଯେହେତୁ ସୁଖ ଲୋଡ଼ିବାର ଅଭ୍ୟାସ ସେ ବହୁତ ଦିନରୁ ଛାଡ଼ି ସାରିଥିଲେ। ଯେଉଁମାନେ ଜୀବନରେ ସୁଖ ଲୋଡ଼ୁଥାନ୍ତି ସୁଖ ନମିଳିଲେ ସେମାନେ ଭାଙ୍ଗିପଡ଼ନ୍ତି। ଯେଉଁମାନଙ୍କର ଲକ୍ଷ୍ୟ ଅଲଗା, ସୁଖ ମିଳିଲେ ସେମାନେ ଅଭିଭୂତ ହୋଇ ପଡ଼ନ୍ତି ନାହିଁ କି ନମିଳିଲେ ଅତି ସରଳ, ଅତି ଅପ୍ରାପ୍ତବୟସ୍କ ହତାଶାରେ ବିଳାପ କରନ୍ତି ନାହିଁ। ସେମାନେ ହୁଏତ ଏକପ୍ରକାର ଶୂନ୍ୟତା ଅନୁଭବ କରନ୍ତି, ଯେଉଁ ଶୂନ୍ୟତାରେ ମନ ନିର୍ଗୁଣ ହୋଇଯାଏ, ସୁଖ ଦୁଃଖ ଇତ୍ୟାଦି ଅନୁଭବ କରେ ନାହିଁ। ପୁରାଣ ଓ କିଂବଦନ୍ତୀରେ ରାଧା ଯଥାର୍ଥରେ ଦେବୀ ବୋଲି ସ୍ୱୀକୃତ ଯେହେତୁ ଦେବଦେବୀମାନେ ହିଁ ମନର ସ୍ପୃହା ନଥାଇ ରହିପାରନ୍ତି, ସମୟ ବାହାରେ ରହିପାରନ୍ତି, ଶୂନ୍ୟତା ଭିତରେ ରହିପାରନ୍ତି। ଦେବୀ ନହେଲେ ସାରା ବ୍ରହ୍ମାଣ୍ଡର ଉଦାସୀନତା ସତ୍ତ୍ୱେ, ନିଜ ଭିତରେ ଭବିଷ୍ୟତଠାରୁ କିଛି ପାଇବାର ନାହିଁ ବୋଲି ଏକ ନିରନ୍ତର ବିଳାପଧ୍ୱନି ଶୁଣିବା ସତ୍ତ୍ୱେ କିଏ ପ୍ରତିଦିନ ନଈକୁ ଗାଧୋଇବାକୁ ବା ପାଣି ଆଣିବାକୁ ଯାଉଥିବ, ଦୁଧ ଦହି ବିକୁଥିବ, ଅନ୍ୟମାନଙ୍କ ପରି ଅନେକ ସଂଖ୍ୟକ ଧରାବନ୍ଧା କାମ କରି ଚାଲିଥିବ ? ସେ ଯଦି ଦେବୀ, ସେ ସୁଖୀ କି ଅସୁଖୀ ଜାଣିବା ସମ୍ଭବ ନୁହେଁ। ସେ ସୁଖୀ ନୁହନ୍ତି କି ଅସୁଖୀ ନୁହନ୍ତି ବା ଏକାଧାରେ ସୁଖୀ ଓ ଅସୁଖୀ ଓ ତା'ଛଡ଼ା ବି ଆହୁରି ଅନେକ କିଛି; ଆମର ସେ ସବୁ ବୁଝିବାର ଶକ୍ତି ନାହିଁ, ବର୍ଣ୍ଣନା କରିବାର ସାମର୍ଥ୍ୟ ତ ଜମାରୁ ନାହିଁ।

— ରମାକାନ୍ତ ରଥ

www.ingramcontent.com/pod-product-compliance
Lightning Source LLC
Chambersburg PA
CBHW060454080526
44584CB00015B/1433